MINERVA
福祉ライブラリー
32

援助を深める
事例研究の方法［第2版］

対人援助のためのケースカンファレンス

岩間伸之 著

ミネルヴァ書房

第 2 版の刊行にあたって

　本書を刊行してから 5 年半が経過した。この間，多くの方に関心を持って読んでいただき，また貴重なご意見や質問をたくさん寄せていただいた。少しずつであっても，有意義な事例研究が広がりをみせていることを実感している。

　事例研究の必要性は，ますます高まってきている。もちろん，地域ケア会議や介護保険制度でのサービス担当者会議など，地域における多機関・多職種の連携が否応なしに求められるようになったこともあるが，決してそればかりではない。「支援困難事例」に対する質の高い援助方法を検討する場が必要となったことや，本人主体の援助のあり方や本人のストレングスを重視した援助の視点が強調されるようになったことなどもその背景にある。また，最近では社会的援護を要する人たちに対する地域（生活圏域）を基盤とした援助のあり方の検討においても事例研究は不可欠となっている。

＊

　このたび，加筆修正を加えて第 2 版を刊行することになった。しかしながら，事例研究のための単なるハウツーではなく，それをとおして「人を援助すること」の本質を伝えるという本書のコンセプトは何も変わらない。また，本書の特徴であるケースカンファレンスのための40の〈ポイント〉も変わっていない。その意味では，旧版でも十分実践に活用していただけると思うが，この 5 年半の間に実際のケースカンファレンスのなかでさらに気づいたこと，研修等をとおして気づいたこと，また読者の方からの反応をふまえて，より充実した内容にするために若干手を加えた。

　改版にあたっての基本的な方向は「精緻化」である。全体に広く手を入れたが，細かい字句以外の主な加筆修正点は次のとおりである。

　①第 1 章の「対人援助と事例研究」において，「対人援助の『価値』と『実践』を結ぶ方法としての事例研究」（第 3 節）を加筆し，この章に厚みを増した。

　②第 3 章のケースカンファレンスの各〈ポイント〉に新しく **Summary and**

Advice を設け，内容を実践的に理解しやすくするために，重要点の要約やテクニカルな面からのアドバイス等を箇条書きで示した。
③第4章の「事例研究のための事例のまとめ方」の内容に詳細な説明を加えた。

*

生活を支える制度や仕組みはまだまだ激動の最中にある。しかしながら，たとえ制度が変わろうとも「人を援助すること」の本質は変わるはずがないという信念は今も変わらない。

援助の力量を高める方法に正攻法以外の道はない。一つひとつの事例にきっちりと向き合い，事例研究を積み重ねていくことで本当の意味での地力をつけることができる。本書の内容がその一助となれば幸いである。

2005年4月20日

岩間伸之

はしがき

　対人援助の専門職であるならば誰しも，「本当にこれでよかったのか」と日々自問自答を繰り返し，時には援助に行き詰まりを感じることもあるだろう。本書は，その対人援助のための事例研究の概説書であり，ケースカンファレンスの手引書である。

　本書の特徴は，単なる事例研究のためのハウツーではなく，事例研究の方法をとおして「人を援助すること」の本質を伝えようとした点にある。ここでいう対人援助のための事例研究とは，徹底してクライエント（利用者）の側に立ち，そこから専門的援助のあり方を導き出す方法のことである。クライエント自身の〈ストーリー〉に入らなければ，本人の真のニーズがみえるはずはない。この点に立脚して事例研究の方法を展開した。

*

　本書では，対人援助における事例研究の意義，事例研究の構成要素，ケースカンファレンスの展開方法，事例研究のための事例のまとめ方について具体的に詳述するとともに，対人援助のための基礎理論についても言及している。

　対人援助の領域において，事例研究のもつ意義はきわめて大きい。援助内容の向上はもちろんであるが，現任訓練としての援助者の養成や力量の向上，スーパービジョンの実践，組織運営の向上など，事例研究は多くのメリットをもたらしてくれる。また，近年では介護保険制度の導入に伴って地域における保健・医療・福祉の連携が求められ，具体の事例をめぐって関係者が検討の場をもつ必要に迫られている。

　しかしながら，多くの意義をもつ事例研究ではあるが，それは有意義な事例研究が行われた場合に限ったことである。事例研究の内容や方法によっては，適切な援助方針が導き出せないだけでなく，職場での人間関係を壊してしまったり，参加者を傷つけることにもなる。そして何よりも，いい加減な事例研究は研究対象となった援助対象者の尊厳を損なうことになる。

　有意義な事例研究のためには，事例研究に対する十分な理解と準備，それに

適切な展開過程が求められる。事例研究は大切だから，ということでただやればよいのではなく，どのようにやるのかがきわめて重要となる。

＊

　本書は，対人援助の仕事に携わるすべての人を対象としている。本人を地域に生きる生活主体者として捉えることによって，対人援助の本質はすべての援助職に共通するはずである。そして，当然ながら介護保険制度に関わるすべての援助職にもそれは共通する。ソーシャルワーカーやケースワーカーと呼ばれる人たち，ホームヘルパー，ケアワーカー，各種相談機関や社会福祉施設の職員，社会福祉協議会の職員，ボランティアコーディネーター，介護支援専門員（ケアマネジャー），保健師，看護師といった援助職にある人に第一に読んでいただきたいと考えている。

　また，民生児童委員やボランティアといった非（準）専門職の人たち，福祉NPOの関係者等にも本書の内容は応用できるはずである。さらには，社会福祉，保健，看護等の各種機関・施設における研修や教育機関における講義にも本書は役立つものと考えている。

＊

　本書は，5つの章から構成されている。第1章では対人援助の本質と事例研究の意義についてまとめ，第2章では事例研究の基本枠組みとして5つの要素を提示した。第3章では，事例研究の具体的な展開方法としてケースカンファレンスの40の〈ポイント〉を具体的に明らかにした。これが本書の大きな特徴である。また，この第3章では「わんぽいんと・めっせーじ」として，筆者の体験談という形で本文中には書ききれなかったことをコラム形式で掲載した。第4章では，事例研究のための「事例のまとめ方」について解説し，さらに第5章では事例の基本的な捉え方と対人援助のための基礎理論についてまとめている。

　必ずしも第1章からではなく，必要なところから読んでもらえるような構成としたことも本書の特徴のひとつである。

＊

　対人援助の領域における事例研究の魅力を最大限に引き出すための方法を明

はしがき

示し,さらにそれをとおして対人援助そのものの奥の深さを伝えることを意図した。こうした事例研究の実践の前提となるのは,「事例」へのこだわりと「人を援助すること」へのこだわりである。

本書が,対人援助の専門職の人たちの一助となり,またクライエントへの本当の意味での本人主体の援助の向上に寄与できれば幸いである。

*

最後に,出版の機会を与えてくださったミネルヴァ書房の杉田啓三社長に深く感謝したい。また,編集部の五十嵐靖氏と野村拳子氏には執筆を力強く支えていただき,貴重なアドバイスもいただいた。重ねてここに感謝したい。

1999年9月4日

岩間伸之

目　　次

第2版の刊行にあたって

はしがき

第1章
対人援助と事例研究……………………………………………13

第1節　対人援助の本質と事例研究…14
　　1　対人援助の原型…14
　　2　問題解決の主体者…15
　　3　援助の「目的」と「手段」…16
　　4　援助の「二人三脚」―対人援助とは「プロセス」である…17
　　5　本人の〈ストーリー〉への接近　―「本人の理解を深めること」…18

第2節　「対人援助の事例研究」の定義…20
　　1　「対人援助の事例研究」の定義…21
　　2　定義における4つのポイント…22
　　3　対人援助の「評価」のための事例研究…23

第3節　対人援助の「価値」と「実践」を結ぶ方法としての事例研究…25
　　1　「価値」と「実践」を結ぶ方法としての事例研究…26
　　2　実践の「拠り所」としての「価値」…29
　　3　「価値」に基づく実践を導き出す事例研究の視点と方法…34

第4節　事例研究の意義　―事例研究によってもたらされるもの…36
　　1　事例を深める…36
　　2　実践を追体験する…37
　　3　援助を向上させる…38
　　4　援助の原則を導き出す…39
　　5　実践を評価する…39

　　　　　　6　連携のための援助観や援助方針を形成する…40
　　　　　　7　援助者を育てる…40
　　　　　　8　組織を育てる…41
　　　第5節　介護保険制度における事例研究の意義…42
　　　　　　1　対人援助の視点からみた介護保険制度の特性…43
　　　　　　2　介護保険制度における事例研究の機会…44

第2章
事例研究の基本枠組み―5つの構成要素― ……………………47

　　　第1節　事務局…48
　　　　　　1　参加者へのケースカンファレンスの開催通知…49
　　　　　　2　会場の確保と準備…50
　　　　　　3　事例の選択と事例提供者（発表者）の決定…51
　　　　　　4　事例提供者のサポート…52
　　　　　　5　助言者（スーパーバイザー）との打ち合わせ…53
　　　　　　6　事例等の資料の印刷・配付と記録…54
　　　　　　7　司会（進行役）…54
　　　　　　8　ケースカンファレンスの事後処理…54
　　　　　　9　プライバシーの保護・管理…55
　　　第2節　検討事例と事例提供者…56
　　　　　　1　提出事例数…57
　　　　　　2　事例本人の承諾…57
　　　　　　3　事例提供者への「おみやげ」…58
　　　第3節　参加者…58
　　　　　　1　参加者数…58
　　　　　　2　「本人参加」について…59
　　　　　　3　参加者の力量…60
　　　　　　4　「参加者グループ」のダイナミックス…60

5　参加者に求められる4つの姿勢…61
　第4節　助言者（スーパーバイザー）…62
　　　1　助言者の選定…63
　　　2　助言者の役割…63
　第5節　ケースカンファレンスの展開過程…65

第3章
事例研究の方法としてのケースカンファレンス
―有意義な展開のための40の〈ポイント〉……………………………………67

　Stage 1　開　会…71
　　Point　1　定刻に開始し，時間の枠を明示する…72
　　Point　2　参加者がお互いに認知できるようにする…74
　　Point　3　事例研究の意義を確認し，集中力を高める…76
　　Point　4　事例研究の展開過程を確認する…78

　Stage 2　事例の提示…81
　　Point　5　事例提供者を紹介し，位置づけを明らかにする…82
　　Point　6　余裕をもって事例発表ができるように配慮する…84
　　Point　7　事例の簡単な概要と選んだ理由を明らかにする…85
　　Point　8　配付資料に沿って発表する…87
　　Point　9　全体的な所感と検討してほしい点を提示する…91
　　Point 10　事例提供者をねぎらい，要点を整理する…93

　Stage 3　事例の共有化…95
　　Point 11　事例に関する情報を補足する…96
　　Point 12　事例を明確化するための質問をする…98
　　Point 13　事例に対する事例提供者の「思い」を共有する…102
　　Point 14　事例についての情報を整理する…104
　　Point 15　事例を「再構築」し，イメージを共有する…106

目　次

Stage 4　論点の明確化…109
　Point 16　事例を深める中で検討すべき論点に気づく…110
　Point 17　事例の性質に合った的確な論点を整理する…112

Stage 5　論点の検討…115

　【1】ディスカッションを展開する…115
　Point 18　検討内容の時間配分に留意する…116
　Point 19　ディスカッションの促進と方向づけをする…117
　Point 20　小まとめを入れながら段階的に議論を深める…119

　【2】全体の雰囲気づくり…121
　Point 21　自由に発言できる和やかな雰囲気をつくる…122
　Point 22　全員が発言できるように配慮する…124
　Point 23　少数意見も大切にする規範をつくる…125

　【3】事例検討を深める…127
　Point 24　必要な場面を逐語で再現する…128
　Point 25　「自分だったらどうするか」を具体的に考える…130
　Point 26　参加者の考察を深める質問を投げかける…132
　Point 27　対峙する意見や考えを引き出す…133
　Point 28　事例からみた問題発生のメカニズムを分析する…135
　Point 29　今後の援助のあり方について具体的に検討する…137

　【4】グループディスカッションの方法…139
　Point 30　必要に応じてグループ討議を採り入れる…140
　Point 31　グルーピングの基準と方法に配慮する…142
　Point 32　グループでの検討内容や討議時間を明示する…144
　Point 33　グループでの議論を全体に生かす…145

Stage 6　まとめ…147
　Point 34　これまでの検討内容を整理する…148
　Point 35　事例についての最終的なまとめをする…150
　Point 36　事例研究全体を振り返る…153

　　　　Point 37　事例のプライバシーへの配慮を促す…155

　　Stage 7　閉　会…157
　　　　Point 38　次回の事例研究会の調整をする…158
　　　　Point 39　全体にねぎらいの言葉をかける…159
　　　　Point 40　定刻に終了する…160

第4章
事例研究のための事例のまとめ方 …………………… 161

第1節　事例研究のための「事例のまとめ」の全体像…162
　　1　事例研究のための「事例のまとめ」の構成要素…162
　　2　「事例のまとめ」の5つの焦点…163

第2節　事例のまとめ方Ⅰ　―事例研究用フェイスシート…165
　　1　「事例研究用フェイスシート」のあり方…166
　　2　「事例研究用フェイスシート」の内容…170

第3節　事例のまとめ方Ⅱ　―経過記録…172
　　1　「経過記録」の全体像…172
　　2　「経過記録」の3つの要素…175

第4節　事例のまとめ方Ⅲ　―全体の所感・論点・展望…181

第5節　「事例のまとめ」の質の向上をめざして…181
　　1　基本資料としての日常のケース記録…182
　　2　観察力と表現力…184

第5章
対人援助のための基礎理論 ……………………………… 185

第1節　事例を理解するための基本的視点…186
　　1　事例を捉える基本的視点①　―現状の客観的理解…187

　　　　2　事例を捉える基本的視点②　—生活歴の理解…188
　　　　3　事例を捉える基本的視点③　—本人からの理解…189
　　第2節　対人援助のための「本人発の援助のベクトル」
　　　　　　と「相互援助システム」…191
　　　　1　「本人発の援助のベクトル」…191
　　　　2　問題解決の媒体としての「相互援助システム」…194
　　第3節　援助者の専門的機能としての「媒介」…198
　　　　1　援助機能としての「媒介し続けること」の全体像…199
　　　　2　援助機能としての「媒介し続けること」の内容…200

あとがき…210

索　引…211

わんぽいんと・めっせーじ

　　1　お茶の準備でバタバタと。…79
　　2　「今，ここで」の関係を。…80
　　3　打ち合わせのやり過ぎに注意です。…90
　　4　いい事例がないんです。…92
　　5　青木さん…，じゃなくてAさん。…94
　　6　私，分かったんですよ。…103
　　7　介護保険制度でも。…108
　　8　助けてください。…114
　　9　まずひとこと発言する勇気を。…118
　　10　さっきのグループと同じです。…120
　　11　光るセンス。…123
　　12　助言者も真剣勝負なんです。…126
　　13　それっぽい言葉に流されないで。…129
　　14　とりあえず，やってみませんか。…131
　　15　余韻。…156

図表一覧

図1-1　「理論」と「実践」のスパイラル…27
図1-2　事例研究におけるワーカーの働きかけを導き出すルート…28
表1-1　ソーシャルワークの根源…30
図1-3　対人援助の事例研究における8つの意義…36
図2-1　事例研究の5つの構成要素…48
図2-2　ケースカンファレンスの会場設定例…50
図2-3　ケースカンファレンスの展開過程…65
表3-1　ケースカンファレンスの40の〈ポイント〉…69
図3-1　事例研究における「論点」と「結論」…112
図4-1　「事例のまとめ」の3つの構成要素…162
表4-1　「事例のまとめ」の5つの焦点…163
表4-2　「事例研究用フェイスシート」の焦点…165
表4-3　事例研究用フェイスシート…167
表4-4A　「事例研究用フェイスシート」の具体例…168
表4-4B　「事例研究用フェイスシート」の具体例…169
表4-5　「事例研究用フェイスシート」の項目例…170
表4-6　ジェノグラムの基本ルール…170
表4-7　「経過記録」の焦点…172
図4-2　事例としてとりあげる「過去」のとらえ方…173
表4-8　「経過記録」のイメージ…174
表4-9　「経過記録」の具体例…176
表4-10　「全体の所感・論点・展望」の焦点…181
図4-3　記録における観察力と表現力…183
図5-1　事例を理解するための基本枠組み…187
図5-2　本人発の援助のベクトル…192
図5-3　トライアングルモデル…199
図5-4　「媒介・過程モデル」における媒介機能…199

第1章
対人援助と事例研究

　本章では，本書全体をとおした基本的視点を提示するために，対人援助における事例研究の特性について明らかにする。
　まず，対人援助の本質について述べたうえで，事例研究の定義を明らかにし，本書における基本的な視点を明示する。続いて，事例研究の意義について解説する。さらに，介護保険制度下における事例研究の意義についても言及する。

第1節

対人援助の本質と事例研究

　対人援助の本質とは何か。専門職として人を援助するとはどういうことか。これらの問いに対する答えは，対人援助の領域において「何を明らかにするために事例研究をするのか」に対する答えを導き出す源泉となる。

　本書で述べる事例研究法の前提となる対人援助の本質，つまり専門職として人を援助することの本質について，事例研究と関連づけながら以下の5点から指摘しておく。これらの内容は，本書全体に貫かれたテーマである。

1．対人援助の原型

　「対人援助」とは，文字通り「人を援助すること」である。この「対人援助」という言葉には，宿命ともいえる性質を含んでいる。それは，人間社会における特定の営みに対して「対人援助」という枠を当てはめることによって，人を「援助する側」と「援助される側」に分断してしまうということである。

　しかしながら，対人援助とは，その二分された状態を出発点とするのではなく，さらにその奥にある人間社会が存立するための本質である「支え合い」を原点としていることを認識しなければならない。ウィリアム・シュワルツ（William Schwartz）が，個人と社会の関係を「共生的な相互依存関係」（symbiotic interdependence）とする仮説からソーシャルワーク理論を構築したように，対人援助の活動とは「支え合い」という人間社会における普遍的な営みの延長線上にある。つまり，対人援助の原型とは，地域社会において生活を営むための相互援助活動である人と人との支え合い活動である。

　その視座に立てば，専門職業としてのヒューマンサービスとは，地域社会における支え合い活動が高度に進化したひとつの形態といえる。社会構造が高度化するにつれて相互支援の社会的システムとして社会保障制度が確立し，また高度に専門分化した職業のひとつとして専門職業としてのヒューマンサービス

が登場したとみることができる。

　対人援助の仕事を地域社会における相互援助活動の一形態とするならば，「援助する側」も「援助される側」も同じ社会に生きる人間であるところに対人援助の本質のひとつがある。その本質とは，人間社会においては，すべての人がかけがえのない存在であること，そして援助者と被援助者という関係が成立する以前に，人間としての対等な関係が存在しているということである。その対等な関係とは，共生社会の構築に向けた生活主体者として支え合う関係である。

　これは対人援助の大前提であり，援助の原理・原則を導く出発点である。

2. 問題解決の主体者

　問題解決の主体者とは誰か。援助者なのか，それとも問題や課題をもつ本人なのか。この問いは，対人援助の本質を突いている。援助の本質とは，問題解決の主体を援助する側ではなく，本人の側に置くところにある。

　つまり，対人援助とは，援助者が本人の問題を解決することではなく，本人自らが問題を解決していけるように側面的に働きかけることである。これは対人援助の活動においては絶対にはずすことのできない原則論であり，援助の原理である。これは自己決定の原則を導き出す源でもあるし，ソーシャルワークにおいて従来から重視されてきた本人のワーカビリティ（問題解決能力）や，近年では本人を問題の解決や課題の達成に向けて自分自身を含めた環境を変えていく主体として捉えるエンパワメント（empowerment）等が重要視されるようになっていることともつながるものである。

　本人を問題解決の主体者とすることによって，対人援助とは本人の「気づき」を促すこと，そしてそのプロセスを重視することがきわめて重要となる。援助は，「本人のいるところ」から始めなければならない。

　事例研究においてまず重要となる取り組みは，事例の理解を深め，それをカンファレンスの参加者全員が共有することである。ここでの事例の「理解」とは，事例提供者や参加者からの情報を単に全員に周知し，共有することを意味しない。そこで得られた情報を本人の内側から組み立て，本人の側からの理解

を深めるための共同作業でなければならない。これは，「クライエントのいるところから始めよ（Start where the client is）」というソーシャルワークや対人援助の原則を事例研究において実践するものといえる。そのために，「クライエントのいるところ」を了解することが求められる。「専門職」の名のもとにワーカーのいるところからの判断は，事例との乖離を生む危険を常にはらんでいる。ましてや，カンファレンスにおいて，事例が正確に把握できていないのに，問題行動を解釈したり援助行為を評価することは事例研究が迷走する引き金となる。

　この「本人のいるところ」を起点とするアプローチは，クライエント本人の主体性を喚起する援助を導き出すプロセスの出発点となることを意味する。この地点を出発としなければ，クライエントが中心にいないワーカー主導の援助をもたらすことになるだろう。

3．援助の「目的」と「手段」

　ヒューマンサービスとしての「対人援助」の方法は，きわめて多様である。保健・医療・福祉においても専門職種や援助の場は多岐にわたっており，このことは専門的援助の方法も多様であることを示唆している。さらに，近年ではボランティアやNPOの存在が地域において重要視されるようになっているが，こうした非（準）専門職といわれる人たちや非営利組織の活動も加えると，支援や援助の方法はさらに広がることになる。

　社会に認知された専門職として仕事をする限り，各専門職ごとに社会から期待される援助目標を持って取り組むことは当然のことである。この援助目標とは，それぞれの専門的技術や方法を用いて達成すべき到達点のことである。けれども，ここに「落とし穴」がある。それは，各専門職がそれぞれの専門的立場から人間を部分的に捉え，それぞれの援助目標を達成したとしても，援助される本人の側からみた生活や人生の目標が達成されたとは必ずしもいえないということである。病気を治すこと，経済的に安定すること，食事や入浴を確保することのそれぞれが完全に満たされたとしても，本人にとっての「幸福」に直接つながるとは限らない。

援助を必要とする人が地域に生きる主体者であり，全体的な存在である限り，本人にかかわる援助者がそれぞれの立場から設定した目標は意味をもたない。援助目標が複数であっても援助される人は「本人ひとり」であるからである。各援助者がもう一歩先にある「本人の何を援助するのか」まで踏み込まなければ，本当の意味での対人援助の目標は見えてこない。

　以上のことから，各専門職の援助の「目的」は「手段」へと転換を図ることが求められる。つまり，ホームヘルパーであれば，家事や介護を援助の目的とするだけではなく，それらを「手段」として位置づけ，家事や介護をとおして「何を援助するのか」を模索しなければならないということである。もちろん，プロフェッショナルである限り，「手段」としての家事や介護の技術が高いレベルで求められることはいうまでもない。この「目的」から「手段」へと認識を転換することこそが対人援助の本質のひとつである。

　さらに，「本人の何を援助するのか」まで踏み込んで考察するということは，地域で人を援助する際の「連携」の本質的要素となる。地域における「連携」とは，本人にかかわる援助機関が各専門職の立場から自分の業務を果たすための調整をすることではなく，各専門職としての業務を手段として何を援助するのか，「本人の何を援助するのか」という援助目標を共有することである。おそらくその共有すべき内容は，本人の「人生」や「生き方」であり，その人らしく生きていけるよう自己実現を支えることなのであろう。

4．援助の「二人三脚」　—対人援助とは「プロセス」である—

　対人援助は，援助者と本人（クライエント）との共同作業で進められる。対人援助の過程とは，援助者と本人とが共に歩む道程である。この共に歩む過程を，援助者と被援助者である本人との「二人三脚」にたとえながら，対人援助の本質を明らかにしてみよう。

　援助の「二人三脚」の特質は，次の2つから指摘できる。そのひとつは，「ゴール」である。運動会の場合にはおそらく白いテープが張られたゴールがグラウンドに設けられるが，援助の「二人三脚」の場合にはゴールはあらかじめ設定されない。つまり「援助目標」とは，本質的には前もって決定されうる

ものではない。スタートを切ってから，どちらを向いて歩くのか，そして2人の行き着く「ゴール」をどこにするかを本人自身が決めることができるように援助者がそのプロセスを支えながら進むこと，これが援助の「二人三脚」である。つまるところ，援助の「ゴール」とは，2人が行き着いたところのことであり，援助とはそこまでのプロセスそのものということができる。

　もうひとつの違いは，2人の内側の足を結ぶハンカチやひもである。援助の「二人三脚」では，ハンカチやひもの代わりに「援助関係」を結び，一緒に歩いていくことになる。これは援助の命綱というべきものであり，これがなければ援助そのものが成立しない。この援助関係とは，信頼関係に裏打ちされた専門職業的関係という特殊な人間関係である。ただし，援助関係は，運動会の場合のようにスタート地点ですでに結ばれているものではなく，援助者がクライエントの歩調に合わせながら関係づくりをすすめることで，少しずつ太く，強くなっていく。

　「自己決定を支える」ということは，ソーシャルワークをはじめとする対人援助においてきわめて重要な原則のひとつである。援助者からみた自己決定とは，「本人に決めさせること」でもなく，「本人が口にしたことを決定とすること」でもない。本人が決めるプロセスに徹底して付き合っていくことである。援助者にとっての「ゴール」とは，「かかわり続けること」なのである。

5. 本人の〈ストーリー〉への接近　－「本人の理解を深めること」－

　事例研究の意義のひとつは，事例研究によって「事例が見える」という状態が事例提供者を含めた参加者との共同作業によってもたらされることである。これは，「事例の共有化」の段階において提供された情報をもとに，本人の立場から本人理解を進めることであり，本人のこれまでの人生，人生観，生き方，生き様，価値観，今の生活世界，感情等に近づくこと，つまり本人そのものに近づくことである。これを本書では，「本人の〈ストーリー〉への接近」と呼ぶことにする。これができなければ，本人の側に立った援助は不可能であるし，専門職による独りよがりな援助に陥る危険性もある。

　本人に関する客観的情報をいくら多く集めたとしても，それが直接本人の理

解につながるものではない。ケースカンファレンス（事例研究会）では，本人からのメッセージをしっかりと受けとめながら「本人を了解するプロセス」，つまり本人の〈ストーリー〉に入る作業がきわめて重要となる。

　なぜ同じことを繰り返すのか。なぜ食べもしないのに冷蔵庫をいっぱいにしないと気が済まないのか。なぜ部屋中にあふれたゴミを捨てようとしないのか。これらの現象に対してどのように対処すべきかではなく，まずそれらの行為の意味するところを本人の〈ストーリー〉のなかから援助者が了解しなければ援助の方向性を導き出すことはできない。

　サービスを提供する際には，一般的に本人のニーズを見極めることが大切であるとされる。しかしながら，「誰からみたニーズなのか」を常に問い直す必要がある。本人からみたニーズと援助者（サービス提供者）からみたニーズにずれがある場合が少なくない。援助者がそれに気づいていない場合，問題はさらに深刻化する。

　よって，本人の〈ストーリー〉に接近することは，対人援助の本質であるとともに事例研究においてきわめて大きな意味をもつ。

●対人援助のための基礎理論

　事例研究においては，今後の援助内容や援助方法を明確にすることが最終的に求められる。それは，これまで述べたような対人援助の本質をふまえたうえで，援助者としての具体的な指針を導き出すことである。質の高い事例研究を積み重ねることによって，対人援助の共通項が明確になり，それは援助理論の構築に寄与する。このことも事例研究の大きな意義であるが，一方では援助者に対人援助の価値，知識，技術の拠り所となる援助理論が求められる。事例研究と援助理論との相乗効果によって，援助への指針はさらに深まることになるだろう。

　第5章では，対人援助のための基礎理論についてまとめた。これらは対人援助の専門職の人たちに広く共通する内容であると考えている。

　筆者の提示する援助モデルによれば，対人援助の担い手である援助者の遂行すべき機能は，「媒介することである」という説明で示すことができる。ここ

でいう「媒介」とは，本人（クライエント）と本人を取り巻くシステムとを「対等に向かい合わせ続けること」である。システムとは，配偶者や子どもといった家族であったり，また地域社会や行政であったりする。援助者は，その両者を対等に向かい合わせ，その両者間の相互作用を促進させることが仕事となる。この説明は，自分たちのことは自分たちで決めていけるように最大限の支援をすることが援助者の果たすべき仕事であることを示唆している。こうした考え方を「媒介・過程モデル」として示した。

　また，事例の捉え方においても基本的な視点があるはずである。それを，事例を理解するための基本的視点として，「現状の客観的理解」「生活歴の理解」「本人からの理解」の3つの枠組みにまとめ，提示した。これら3つの視点を重ね合わせることによってはじめて事例に近づくことができる。このなかでも，とりわけ「本人の側からの理解」の視点が，先ほどの本人の〈ストーリー〉への接近との関係において重要な意味をもつ。

　さらに，対人援助の実践的視点として指摘しておくならば，対人援助の起点は個人であるということである。個人へのしっかりしたアプローチなくして，より大きなシステムである家族や地域への支援はありえない。個人の「気づき」を促し，問題解決の主体者としての意識を高め，本人の問題解決能力を活用することで，はじめて家族や地域社会へ向けた創造的な新しいシステムを生み出すことができる。こうした考え方も「本人発の援助のベクトル」として第5章で提示している。

第2節　「対人援助の事例研究」の定義

　対人援助の本質と事例研究との関係をふまえて，本書で取り扱う事例研究の全体像を明らかにしておこう。

1.「対人援助の事例研究」の定義

　一般に，事例研究（case study，ケーススタディ）とは，解決すべき内容を含む事実について，その状況・原因・対策を明らかにするため，具体的な報告や記録を素材として研究していく方法と定義される。こうした事例研究は，医療，保健，看護，臨床心理，社会福祉等の各分野で幅広く用いられてきたきわめて重要な研究対象に対するアプローチである。しかしながら，各分野はそれぞれ固有の目的と専門的方法をもつことから，事例研究の目的と方法も固有のものがあってしかるべきである。
　そこで，事例研究の一般的な定義をふまえて，また対人援助の本質をふまえて，「対人援助における事例研究」を次のように定義しておく。

> 対人援助の事例研究とは，ケースカンファレンス▼1によって，当事者本人の理解▼2を深め，そこを起点として対人援助の視座▼3から今後の援助方針を導き出す力動的過程▼4をいう

　「対人援助の事例研究」においては，定義にあるように「今後の援助方針を導き出す」ことが直接的な目的となるが，間接的には援助者の養成あるいは現任訓練としての意義も大きい。また，対人援助のための「理論」と「実践」を結び，両者を地続きのものにする手法としてもきわめて重要な意味をもっている。「理論」と「実践」との間の相互作用によって，理論のさらなる発展をもたらすことになる。
　さて，事例研究をめぐる若干の用語の整理と検討事例の種類による違いについても指摘しておかなければならない。事例研究（事例研究会）をめぐる用語については，必ずしも厳密な使い方をされていない面がある。実践の場においては，「事例検討」という用語が使われることも多い。その使われ方をみると，「現在援助進行中の事例を具体的に検討すること」という意味合いで使われている傾向が強い。その場合には，援助者がその時点でかかわっている事例（援助進行中の事例）に対して今後の具体的な援助方針を導き出すことになる。

ところが，事例研究では，援助進行中の「生の事例」だけではなく，すでに終結した事例を検討する場合もある。「生の事例」の場合には，その事例についての援助方法の検討に焦点が当てられるが，終結事例の場合には，その事例への取り組みを評価することに加えて別の事例にも応用できる援助の共通項を導き出すことに焦点が当てられる。このように，とりあげる事例の種類によって最後に向ける焦点の当て方が異なるが，事例研究としての展開方法は同様である。したがって，「事例研究」は「事例検討」を含む上位概念といえる。

2. 定義における４つのポイント

先に提示した対人援助の事例研究の定義の重要な構成要素である下線部▼１〜▼４について，若干の説明を加えておこう。これらは，本書全体の内容構成に深く関連するものである。

▼１　ケースカンファレンス

「ケースカンファレンス」（case conference）とは，事例研究のひとつの方法であり，形態である。その形態は「事例研究会」「事例検討会」「ケース会議」「ケース検討会」「ケース研究会」などとも呼ばれる。また，介護・看護を主眼においた事例研究では，「ケアカンファレンス」（care conference）と呼ばれることもある。このケースカンファレンスの実施のためには，①事務局，②検討事例と事例提供者，③参加者，④助言者，⑤ケースカンファレンスの展開過程，の５つを構成要素としている（第２章参照）。これらの要素が不十分である場合，有意義なケースカンファレンスは成立しない。

▼２　当事者本人の理解

当事者本人の理解は，対人援助の事例研究の土台部分にあたる。これなくして，今後の援助方針は導き出せない。事例を理解するためには，３つの基本的視点が求められる。それは，①現状の客観的理解，②生活歴の理解，③本人からの理解，である（第５章参照）。これらの３つの要素が重なった時に，事例の本来の姿に近づくことが可能になる。とりわけ「本人からの理解」，つまり事例研究においてケースカンファレンスの参加者が「本人の世界」に近づくこと，本人の〈ストーリー〉に接近することが事例を理解するためにはきわめて

重要な要素となる。本人の過去を知り，客観的な情報を集めただけでは，そこから本当の意味での援助の視点や方法を引き出すことはできない。

▼3　対人援助の視座

対人援助の視座とは，第1節での対人援助の本質で述べた内容である。対人援助の原型，問題解決の主体者，援助の「目的」と「手段」，援助の「二人三脚」，本人の〈ストーリー〉への接近を前提とし，そのうえで援助者の役割や援助の内容が導き出されることになる。

▼4　力動的過程

ケースカンファレンスという場は，対人援助の視座から事例の理解を深め，援助の指針を導き出す創造的な「装置」である。したがって，何らかの答えが先に決まっているものではない。対人援助のための事例研究（ケースカンファレンス）とは，その援助の特質と同じくプロセスそのものが重視されることになる。したがって，その展開過程がきわめて大切となる。第3章では，ケースカンファレンスの展開過程を，①開会，②事例の提示，③事例の共有化，④論点の明確化，⑤論点の検討，⑥まとめ，⑦閉会，という7つの段階によって提示し，これらの内容について，40の〈ポイント〉を具体的に示している。

3．対人援助の「評価」のための事例研究

対人援助の本質と定義をとおして，対人援助における事例研究の特質を明らかにしてきたが，ここでは，「評価」のための事例研究という側面からその特質にアプローチしておこう。この側面もまた，対人援助の事例研究を強く特徴づける要素である。

①対人援助における評価の特質

対人援助の領域において自分の実践を評価することは，専門職として当然の責務である。しかしながら，対人援助の実践に携わる人たちの多くが，「これでよかったのか」とか「もっと違うかかわり方があったのではないか」とすっきりせずに日々思い悩んでいる。対人援助の実践を評価するのは決して容易なことではない。

この評価の難しさは，先に述べた対人援助の本質と密接な関係がある。つま

り,「何がよいか」はクライエント(利用者)本人が決めることであること,対人援助が結果ではなくそこに行き着くまでのプロセスが重視されること,また評価すべき内容が数量化しにくい質的なものであることなどが評価の難しさの要因となっている。

対人援助の本質に依拠した実践の評価は,他のヒューマンサービスの領域と比較して本質的に特異な面をもつ。それは,何を評価するのかという評価の対象が特定化しにくい点にある。自己実現や自己決定が対人援助において強調されるように,対人援助における本来的な評価の基準は援助者側ではなく,クライエント側にあるべきものである。問題解決とは援助者の側面的支援による本人の主体的営みでなければならないし,また何を解決すべき「問題」とするかは本人自身が決めることである。本人の問題解決に向かう主体性を引き出すことなく,極論するならば,援助者が援助目標を設定するために勝手に「問題」を規定し,援助終結時にその目標が達成されたかどうかを評価したところで,その評価は意味をもたない。

そこで,事例研究を対人援助の質的評価法のひとつとして位置づけることができる。質的評価のための質的調査は,従来からの「科学的」な方法とされる統計的な処理による量的調査と比べて実証的でないとされてきた。しかしながら,見田宗介は,量的調査の欠点として,①追体験的な了解可能性の希薄さ,②総合的・多次元的な把握の困難さ,③変化のプロセスや可能性に関する動的な把握の困難さ,の3つを指摘している(見田宗介『現代社会の社会意識』弘文堂,1979年,140ページ)。そして,これらを補う質的調査の有用性が強調されるようになった。

質的調査の特性は,当然ながら質的な評価が求められる対人援助の領域に大きな示唆を与えるものである。「了解可能性」を追求する方法としての質的調査,とりわけ事例研究法はその評価方法としての意義はきわめて大きい。

「結果」だけを取り上げ,その結果がどうであったかだけを評価するのではなく,そこに行き着く「過程」を質的評価の対象としてとりあげるのが対人援助の事例研究である。その「過程」には,本人の変化とワーカーの働きかけの内容を含んでおり,「結果」を含めた総合的評価が次の援助の指針を導き出す

ことになる。

②事例研究における質的評価の内容

事例研究を対人援助の評価の方法して位置づけるならば，事例を「了解」するための評価の内容には，次の4つの内容を含まなければならない。

第1には，本人の側からの理解を深めることである。先に提示した本人の〈ストーリー〉に入ることを意味する。客観的な情報を収集し，それをもとに外から事例を理解するだけではなく，その事例の内から理解を深め，評価の要素として組み込むことである。これは，対人援助における事例研究の不可欠な要素であり，第5章では事例を理解するための基本的視点のひとつとして提示している。

第2には，本人の変化を客観的に捉えることである。ケースカンファレンスにおいては，時間の経過に伴う本人の変化と本人を取り巻く環境の変化について，その全体性と力動性から把握できなければならない。

第3には，本人の変化に伴う援助者の働きかけの内容である。当然ながら対人援助の担い手は援助者であるから，その援助者による援助の内容は，本人と援助者の相互作用も含めて評価の要素として捉えなければならない。

最後の第4の内容は，以上の経過と内容を含めた総合的評価である。先の3つの内容を総合的に捉えた評価が最終的な事例研究における質的な評価としてもたらされる。

以上の内容は，事例研究の内容として本書で詳細に取り扱う内容である。

第3節
対人援助の「価値」と「実践」を結ぶ方法としての事例研究

事例研究を対人援助の「研究方法」としてとらえた場合，いうまでもなく「帰納法」としてのアプローチを意味する。しかしながら，「具体的事実」の積み重ねから一般的な原理・原則や法則を導き出すという帰納法によって有意義な研究成果を導き出すためには，その研究の素材となる「具体的事実」の内容

が問われなければならない。対人援助領域における研究とは「実践学」としての色彩が強いものであるから，自然科学とは異なり，「具体的事実」の内容に個別事例に対する援助の方向性や方法を含むことになる。

したがって，研究方法として事例研究をとらえる場合であっても，個別事例に対する援助の方向性や方法が何を根拠にしたものあるかが問われることになる。そこで本節では，事例研究を対人援助の「価値」（理論）に基づいた「実践」を導き出すための方法として位置づけ，その意義と特性について明らかにしておきたい。

なお，本節においては「ソーシャルワーク（ソーシャルワーカー／ワーカー）」という用語を用いているが，その内容は保健・医療・福祉等の対人援助（対人援助職）に広く共通する内容である。

1.「価値」と「実践」を結ぶ方法としての事例研究

方法としての「事例研究」には，2つのベクトルを内包している。そのひとつのベクトルは，「個に向かうアプローチ」を具体的に導き出すための事例研究であり，もうひとつは「一般的法則」を導き出すための事例研究である。これらを説明のために雑駁に表現するならば，前者は「実践のための事例研究」であり，後者は「研究のための事例研究」といえる。

「実践のための事例研究」とは，解決すべき内容を含む事実について，その状況・原因・対策を明らかにするため，具体的な報告や記録を素材として研究していく方法と一般に定義される。この意味での事例研究は，対人援助の実践領域においてきわめて重要な事例へのアプローチであり，本書の焦点もここに当てている。

一方，「研究のための事例研究」とは，個々の具体的事実から一般的命題や法則を導き出す帰納法としての事例研究である。「対人援助研究」においても事例研究の積み重ねによって援助の原理・原則や特定分野における事例の共通性を導き出す帰納法としての研究も有意義であることはいうまでもない。

この2つのベクトルは，乖離したものではなく相互に密接に関連するものとして認識する必要がある。つまり，「実践のための事例研究」の積み重ねは，

図1-1 「理論」と「実践」のスパイラル

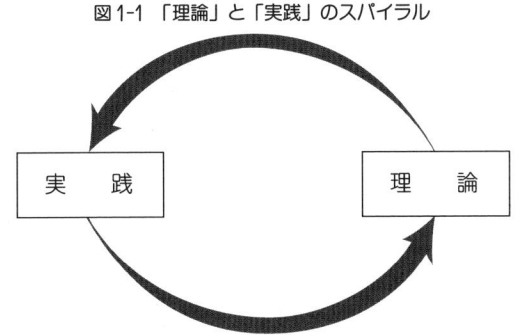

同時に「研究のための事例研究」ともなるということである。図1-1の「『理論』と『実践』のスパイラル」で示したように，対人援助の研究は「実践学」であるがゆえに「理論から実践」と「実践から理論」とが円環状に相互に関係し，それがらせん状に発展していくものでなければならないはずである。これに基づけば，先の「研究のための事例研究」は「実践から理論」に相当し，「実践のための事例研究」は「理論から実践」に相当する。図から明らかなように，このどちらかの流れが途切れると実践に役立つ研究は必然的に衰退することになる。

事例研究がこの2つのベクトルを同時に内包することは，事例研究がソーシャルワークをはじめとする対人援助においてきわめて有意義な方法であることを強く示唆するものである。しかしながら，「実践から理論」に至る帰納法としての「研究のための事例研究」をいくら積み重ねたとしても，「理論から実践」に至る「実践のための事例研究」の側面が不十分であれば意味をなさない。つまり，その「実践のための事例研究」における援助方法がどのような理論や価値に基づいたものであるかの根拠が曖昧であったり，単なるワーカー個人の価値観や経験に基づいたものであった場合，それをいくら積み重ねたとしてもあるべき一般的な原理・原則にはたどり着けないということである。

対人援助における「実践のための事例研究」には大きな特徴がある。それは，援助対象についての事実に基づいた正確な分析・把握だけにとどまらず，具体的な援助の方法を導き出すことが求められることである。たとえば，子どもの

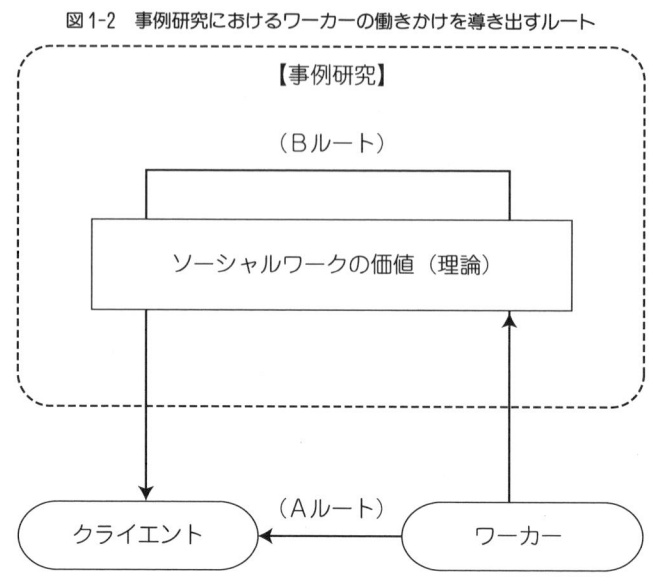

図1-2 事例研究におけるワーカーの働きかけを導き出すルート

　虐待事例を研究対象とした事例研究においては，その事実関係やその背景，あるいは親が子どもを虐待するメカニズムについて明らかにするだけでは不十分であり，そこからこの親子に対する援助の方法を導き出さなければならない。それは，援助対象に関する事実関係等を明らかにすれば自動的に援助の方法が導き出されるものではなく，その援助の方法を導き出すプロセスにソーシャルワークの「価値」を反映させる必要があることを意味している。

　図1-2で示した「事例研究におけるワーカーの働きかけを導き出すルート」では，ソーシャルワークにおける事例研究においてワーカー（援助者）がクライエントへの働きかけを導き出す「ルート」を概念的に図示した。ワーカーからクライエントの働きかけは，表向きにはAルートのように単純な形で示されるが，その内実は「ソーシャルワークの価値（理論）」という「フィルター」にかけて導き出すものでなければならないはずである。ソーシャルワークにおける事例研究とは，点線部分で示したように，その「価値」に基づく「実践」を導き出す作業を実践しようとするものである。

以下，ソーシャルワークの「価値」について若干の考察を加えたうえで，「価値」を含んだ「理論」から「実践」を導き出す「実践のための事例研究」に焦点を当てて論じることにする。

2. 実践の「拠り所」としての「価値」

　社会福祉専門職によるあらゆる援助活動は，ソーシャルワークの理論に基づいて展開される。社会福祉の援助が社会的責任を伴う専門的な取り組みである限り，思いつきによる場当たり的な活動ではなく，体系的な専門的理論から導かれた技術によって援助が提供されなければならないのは当然のことである。

　ソーシャルワークは，知識・技術・価値という3つの要素が三位一体となって援助が提供される。そのなかでも，「価値」のもつ意味はきわめて重い。なぜなら，ここでいう「価値」とは，端的にいえば「援助を方向づける思想・理念・哲学」であるからである。ワーカーは，この「価値」を後ろ盾として最も適切な選択を導き出し，またこの「価値」に基づいて「専門的判断」を行うことになる。

　しかしながら，「価値」の内容や範囲については，漠然とした概念としてとりあげられることが多く，必ずしも確定されたものではない。そこで，ここではソーシャルワーク実践の根源に焦点をあて，援助を方向づける「価値」に深く関わる内容について考察を深めることにする。

　表1-1は，ソーシャルワーク実践がどのような価値概念に根ざした専門的活動であるかを明らかにするために，ソーシャルワークの根源について示したものである。この表には2つの特徴がある。そのひとつは，右端の欄に「ソーシャルワークの原理・原則」とあるように，ソーシャルワークにおいて従来から重視されてきた原理・原則を抜粋し，そこからソーシャルワークの根源を導き出したことである。それは，ソーシャルワークの「価値」が原理・原則として具体化されるものだからである。もうひとつの特徴は，ソーシャルワークの焦点を個人と社会の間に求めたことである。「状況（環境）のなかの人」というソーシャルワーク固有の用語に代表されるように，ソーシャルワークの焦点は「個人」と「社会」との緊密な関係に常に向けられてきた。表では，「個

表1-1　ソーシャルワークの根源

根源	個人－社会	焦点	原理・原則
①存在	個人	個人	・人間の尊厳 ・受容 ・個別化
②主体性		社会的個人	・自己決定 ・過程の重視 ・問題解決能力の獲得 ・エンパワメント
③相互援助	社会	社会関係	・住民主体 ・地域組織化 ・民主主義と市民社会

出所：岩間伸之「ソーシャルワークの根源を何に求めるか」右田紀久恵・小寺全世・白澤政和編『社会福祉援助と連携』中央法規出版，2000年，p.21.

人－社会」の関係をその比重によって説明概念上3つに分割し，それぞれ上から個人に近い部分を「個人」，社会に近い部分を「社会関係」，その中間層にあたるを「社会的個人」と名づけた。そして，その分類に応じて右欄の「原理・原則」を並べ替えた。

その結果，ソーシャルワークが依拠する根源として，「存在」「主体性」「相互援助」という3つの仮説を導き出した。以下，援助を方向づける「価値」としてこの3つについてとりあげよう。

①「存在」の尊重

「個人」に焦点をあて，人間の尊厳，受容，個別化という原理・原則を導き出す「価値」は，「存在」である。これは，人間としての存在そのものを尊重することである。

日本ソーシャルワーカー協会の倫理綱領においては，原則の冒頭に「人間としての平等と尊厳」という項目がおかれている。それによれば，「人は，出自，人権，国籍，性別，年齢，宗教，文化的背景，社会経済的地位，あるいは社会に対する貢献度いかんにかかわらず，すべてかけがえのない存在として尊重されなければならない」〈傍点筆者〉とされている。人間としての「かけがえのなさ」は，あらゆる条件に優先する。人間であること，それだけで尊厳に値するということである。

これは、ソーシャルワークのすべての価値と実践の出発点である。とりわけ、ソーシャルワークにおいて強調されてきた「受容」と「個別化」の原則は、根源としての「存在」に直結する。
　「受容」とは、その人の「ありのままを受けとめること」である。「ありのまま」とは、まさしく存在そのもののことである。バイステック（Felix P. Biestek）は、ケースワークにおける援助関係を構築するための技法として広く知られたケースワークの7つの原則を提示した。この受容の原則に関する彼の考察は深い。「クライエントは、依存しなければならない状態に陥ったり、弱さや欠点をもっていたり、あるいは失敗を経験しているとしても、一人の価値ある人間として、あるいは・生・ま・れ・な・が・ら・に・尊・厳・を・も・つ人間として、受けとめられたいというニードをもっている」〈傍点筆者〉（F．P．バイステック著／尾崎新・福田俊子・原田和幸訳『ケースワークの原則［新訳版］－援助関係を形成する方法－』誠信書房，1996, p. 115）とし、このニードから受容（受けとめる）の原則を導き出した。「生まれながらに尊厳をもつ人間」とは、まさしく人間の「存在」自体に価値があることを意味する。
　人間存在への尊厳は、さらに「個別化」の原則の根拠ともなる。人を個人としてとらえるということは、その存在の個別性を受け入れることである。この原則は、個人が社会的存在である以前に一人の個人として尊重されることであり、そしてそれは民主主義の基本原則でもある。
　ソーシャルワークの援助において社会のなかの「個」のもつ意味は大きい。集団や地域に埋没した「個」でなく、それぞれの「個」からみた社会の意味やあり方が問われなければならない。「クライエントのいるところから始める」というのは、ソーシャルワークの重要な視点とされる。そのため、「本人のこれまでの人生、人生観、生き様、生き方、価値観、今の生活世界、感情等に近づくこと、つまり本人そのものに近づくこと」（本章第1節参照）が求められる。「本人そのもの」とは「存在」のことであり、存在の側、本人の側から事例をとらえることが重要となる。
　②「主体性」の尊重
　表1-1で示したソーシャルワークの原理・原則のうち、自己決定、過程の

重視，問題解決能力の獲得，エンパワメントは，いずれも「個人－社会」の中間部分に相当する「社会的個人」にソーシャルワークの焦点を向けたものである。いずれの原則も社会関係上で展開される。この「社会的個人」に共通するソーシャルワークの根源は，社会関係における個人の「主体性」である。岡村重夫が社会関係を主体的側面（生活上の要求と役割の実行）と客体的側面（役割期待と要求の充足）の2つの側面から説明し，そのうえで社会関係の主体的側面への働きかけを社会福祉援助の固有性として強調した。このようにソーシャルワークにおける主体性とは，先の人間存在の尊重を基礎としてすべて社会関係上に存在するものである。

　ソーシャルワークにおける「主体性」は，ソーシャルワークの援助の特質につながるきわめて重要な意味をもつ。本人の存在自体を尊重し，そこから本人の主体性を育み，さらに本人が問題解決の主体者として取り組めるようにするということは，まさにソーシャルワークにおける実践の価値そのものである。

　こうした視座は，「当事者である本人以外では問題は解決できない」という観点をベースにしている。つまり，抱えた問題を解決するのは，あくまで本人自身なのである。いかなる問題や課題も当事者である本人しか解決しえない。ここに対人援助の厳しさ，難しさ，奥の深さ，ときには冷徹さが存在することになる。

　「自己決定の原則」とは，本人が自分のことを自分で決めることができるようにソーシャルワーカーがその決定のプロセスを徹底して支えることである。そのプロセスは，ソーシャルワーク関係も含めた社会関係をとおして自分の決定を導き出すことを意味する。ソーシャルワーカーはそのプロセスを支えることになる。この原則は，ソーシャルワーク援助の基本特性であり，主体性の尊重を具体化するものである。その意味で，本人が選択決定した内容がどうであるかではなく，その過程をいかに支えることができたかが問われなければならない。これが「過程の重視」である。

　③「相互援助」の尊重

　「個人－社会」における「社会関係」に焦点を当てたソーシャルワークの根源は，「相互援助」である。これは，先に根源として提示した人間の「存在」

と同じく，社会の存在そのものであり，人間社会の本質のひとつといえる。シュワルツ（William Schwartz）は，個人と社会の理想的な関係を「共生的な相互依存関係」とし，さらに個人と社会の共生的関係について「それぞれが存命と成長のために他者を必要とし，その時点で力の限りを尽くして他者に手を差しのべること」(William Schwartz, "The Social Worker in the Group", *The Social Welfare Forum* (*New Perspectives on Services to Groups: theory, organization, practice*, NASW, 1961), Columbia University Press, 1961, p. 155) と説明した。そこから「相互援助システム」という概念を導き出した。個人と社会とのあるべき本質的関係をいかにとらえるかによって，ソーシャルワークの目指す方向が決まる。シュワルツも用いた「共生」という概念は「もちつもたれつ」といった人間社会の本質であるといえる。しかしながら，本来の共生とはどちらにも前向きな成長をもたらすとは限らず，どちらかが生き延びるためにもう一方を滅ぼすことも考えられる。したがって，ここでの「共生」の関係とは，双方にとっての成長のための関係でなければならない。個人と社会が不健康な依存関係ではなく，双方が共に成長していくための相互依存関係を構築していくことになる。

「民主主義と市民社会」は「個人－社会」における社会に最も近い相互援助のシステムである。アメリカにおけるソーシャルワークの発展過程は，民主主義の思想に強く依拠したものであった。徹底した個の尊重と個の主体的働きかけによる成熟した市民社会の創造は，ソーシャルワークが目指す現代的価値といえる。その市民社会を支える仕組みとして社会保障制度をはじめとする社会制度が存在する。それは，いうまでもなく一人ひとりの生活を支える相互援助のための社会的な仕組みである。また，「住民主体」と「地域組織化」は，「民主主義と市民社会」に向けたソーシャルワークおよびコミュニティワークの原理・原則である。個人の「存在」の尊重は，地域住民の「主体性」につながる。個人の問題と同じく，地域の問題はその地域住民にしか解決できないという共通原理に基づいている。「地域組織化」は，地域住民が「お互いの存在を必要とする」ように働きかけることであり，まさに地域を相互援助システムとして形成していくための原理である。

3.「価値」に基づく実践を導き出す事例研究の視点と方法

　ここでは，前述した「価値」に基づく援助の方法を導き出す事例研究の特性および視点について，次の３つのアプローチから検討を加えることにする。
　①存在を尊重するアプローチ
　すべての事例において援助に求められる視点は，本人の「今，ここで（here and now）」での「存在」に意味と価値をもたせることである。その方法は無限にあるが，事例研究においてはその具体的なアプローチを導き出すことが重要な視点となる。事例研究で取りあげられる事例の多くは，いわゆる「困難事例」である。そうした事例は，自分の生きる意味や存在価値を見失い，根底から揺さぶられていることが多い。障害や老いの受容過程などまさにその典型である。そこでの揺れや不安定さは，ときに「問題行動」として外に向けて発現する。「問題行動」でなくても，本人たちの言動が自分の存在確認のための内的力動によることも多い。
　クライエントとワーカーとの援助関係を軸としたかかわり合いのなかで，クライエント自身が自分の「拠り所」を見つけ，そこにいかに着地するか。その手助けの方法を事例研究で導き出すことが求められる。その方法のいくつかをあげるとすれば，「クライエントのいるところ」から徹底して個別化をはかったうえで，ワーカーがクライエントのあるがままの存在を受けとめること，「今」の時空をワーカーとともに感じること，「今」の感情を共感すること，「今」の社会とのつながりを意識化すること，本人のできることや強みに焦点をあてること，「今」につながる「生きてきた道」を確認することなどがある。その具体化を事例に合わせて事例研究のなかで導き出すことになる。この取り組みは，クライエント自身が現実と向き合うための基本作業ともなる。
　②主体性を喚起するアプローチ
　クライエント本人の「いるところ」から出発し，そこから本人を問題解決の主体者としての意識をもてるように促すことは，ソーシャルワークの価値を実践に向けて具体化することを意味する。このことは，援助の初期段階においてあらかじめ「ゴール」を設定するのではなく，そのプロセスにおいてクライエ

ント自身による自己決定の積み重ねによって自分のゴールを見つける作業を必要としている。ワーカーの援助とは，そのプロセスに徹底してつき合うことである。

　このことは事例研究においても重要な視座を提供している。カンファレンスの開始時点で，「こうすべき」という結論が先にあって，そのための合意を得るために事例研究を実施するものではない。本人自らが自分の抱える現実の問題と向き合い，解決に向けて歩めるような援助について検討するものでなければならない。

③相互援助のシステムを形成するアプローチ

　個人と社会の相互作用関係に焦点を当てることは，ソーシャルワークの固有性のひとつである。クライエントが自分を取り巻く環境に自ら働きかけて環境に変化を及ぼし，さらにその変化が相互作用関係によってクライエント自身に変化を与えるという関係性のなかで，双方に利益をもたらす相互援助のシステムを形成するという視座はきわめて重要となる。

　当然ながら，事例研究においてもこうした相互援助のシステムの形成を促す働きかけを導き出すことが求められるが，そこでもうひとつ重要な要素がある。それはそうした相互援助のシステムを支える援助者側のシステムである。保健・医療・福祉・司法等の連携の重要性が指摘されるなかで，またケースマネジメントの手法が重視されるなかで，連携のための事例研究が求められることが日常的に多くなっている。けれども，援助する側が「連携」という形で一方的にシステムを組んでしまうことによって，クライエント側の相互援助の力をスポイルすることになりかねない。援助者側のシステムが「専門職」の名のもとに圧倒的な力をもつことで，クライエントとクライエントを取り巻く環境に圧力をかけ，当事者たちの歩む道をふさぐことにもなる。本来ならば，クライエントをその一部とする相互援助のシステムが自分たちの問題解決や成長のためにそうした資源を最大限に活用するというものでなければならない。カンファレンスでは，連携する各機関や援助者がそれぞれの専門業務の確認や役割分担を目的とするだけでなく，それらの業務を手段として何を援助するのかについての共通の認識が求められることになる。

第4節

事例研究の意義 ―事例研究によってもたらされるもの―

事例研究を有意義なものにするためには，事例研究の意義について事例研究の主催者や参加者が認識しておく必要がある。事例研究の意義としては，図1-3に示すように8つに整理できる。これらは，有意義な事例研究ができれば，必然的にもたらされる内容である。

1. 事例を深める

事例研究において「事例を深める」という作業は，事例研究によってもたらされるものの最も基礎的な要素である。このプロセスがなければ，有意義な事例研究はもたらされないし，効果の広がりは期待できない。

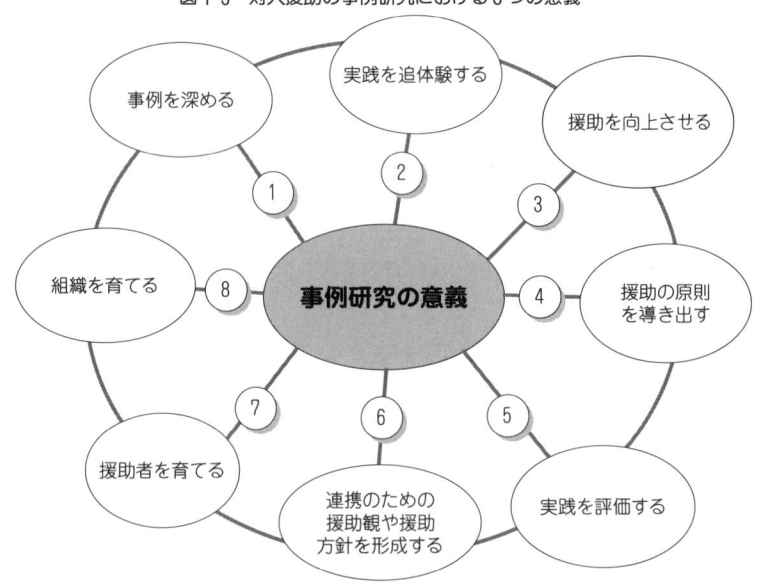

図1-3 対人援助の事例研究における8つの意義

1. 事例を深める
2. 実践を追体験する
3. 援助を向上させる
4. 援助の原則を導き出す
5. 実践を評価する
6. 連携のための援助観や援助方針を形成する
7. 援助者を育てる
8. 組織を育てる

この「事例を深める」という作業は，事例研究の場において事例に関する客観的な情報を確認し，整理し，再構成するプロセスをとおしてなされる。これはケースカンファレンスの展開過程のステージ3で示す「事例の共有化」において主になされる内容であり（第3章参照），参加者が事例について共通のイメージを持てるようにすること，つまり検討のための対象を明らかにすることである。

　「事例を深める」とは，「事例が見える」という表現に近いものであり，事例提供者と参加者との共同作業によって本人が問題解決の主体であるという観点から事例に接近することである。この接近法は，本人及び本人の置かれている状況についての客観的理解に加えて，事例に登場する人物への感情移入を含んだ本人の側からの理解を深めることである。言い換えれば，外からではなく，「内から事例を捉える」ということ，つまり，これが先に述べた本人の〈ストーリー〉に入るということである。

　こうした「事例を深める」という作業は，援助者の力量の面からいえば事例の解釈力をつけることを意味する。事例研究によって，事例提供者が自分の提出した事例への見方について，多角的な幅広い捉え方に気づくことになる。同時に，参加者も「事例を深める」というプロセスを体験することで事例を捉える力を高めることができる。これらの内容は，対人援助の実践の基礎となる力を培うことでもある。

2. 実践を追体験する

　事例提供者によって報告される事例は，対象事例そのものの客観的な経過報告だけではなく，報告者自身の実践活動の報告であり，披瀝でもある（第4章参照）。事例研究の意義のひとつは，参加者がケースカンファレンスの場で援助者として活動してきた事例提供者の立場から実践の追体験ができることにある。近年の対人援助の仕事においてはチームワークや連携の大切さが強調されるものの，相談面接の場面など実際の援助活動の多くは「個人プレイ」であることが多い。したがって，各援助者がどのように具体的にクライエントにかかわっているかは周囲からは見えにくいことが多い。その意味でも，事例研究に

おける追体験の意義は大きい。

　この「実践を追体験する」ことには，2つの意義が指摘できる。第1の意義は，援助者である事例提供者の立場から事例について共感的に理解できることである。提出された事例の経過についての客観的な理解だけでなく，援助者自身がどのような感情をもって事例に向かってきたのかを理解することは，援助者への共感性を高めることになる。事例の発表者に対してケースカンファレンスの場で「おみやげ」を手渡すためには，参加者が事例提供者（発表者）自身の実践を受けとめる作業がまず必要となる。

　第2の意義は，参加者が自分以外の人の実践を知ることである。対人援助の実践はその性格上，担当者以外の人が当該の事例に直接触れることはほとんどない。事例研究をとおして，事例提供者が何を考え，どのような援助をしてきたのか。その過程を断片的であれ知ることが可能になる。とりわけ，経験の浅い援助者が経験豊かな人の実践活動に触れることによって，自分の実践と照らし合わせることができる貴重な体験となり，参加者自身に実践のための指標をもたらすことになる。

3. 援助を向上させる

　事例研究の最終的な目標は，研究対象とした事例に対する援助の質を向上させることにある。事例研究がもたらす波及効果は，援助者の力量の向上や連携の円滑化など多岐にわたるが，それらすべての出発点は事例に対してどのように働きかけるかという個別のアプローチにある。

　事例研究において援助の質を向上させるための指針を導き出すためには，それなりの準備や展開が求められる。事例研究によって，事例が深められ，参加者のディスカッションによって事例へのアプローチが検討され，さらにはスーパーバイザー（助言者）の助言などによって援助の向上への指針が導き出される。それらの集大成として援助の向上への指針がもたらされることになる。

　事例研究における援助の向上に直接つながる具体的な内容としては，事例提供者自身がこれまでの自分の実践を振り返って評価できること，事例に対して新たな発見や見方ができること，そして具体的な援助の方向性や指針を与えら

れることである。

4. 援助の原則を導き出す

　事例研究の意義のひとつは，対人援助に共通する原理や原則を導き出すことである。事例研究とは，とりあげた事例に対する今後の援助方針やあり方を明らかにするだけでなく，そこから援助の共通項である「原則」を導き出し，参加者自身がもつ事例にもそれを応用できるようになることにも意義がある。

　ひとつの事例を深く掘り下げることによって，そこから他の事例にも援用できる援助の共通原則を導き出すことができる。その意味で，すでに終結した事例であっても事例研究の意義は大きい。

　事例研究は積み重ねが大切である。定期的に事例研究を実施することで，各事例に共通する援助の基本原則や共通要素が回を重ねるごとに参加者に「沈殿」していくことになる。

5. 実践を評価する

　先に指摘したように，対人援助を評価することは容易ではない。それは，対人援助の内容を数量化して評価することに限界があることや，援助される側である本人の立場から評価しなければならないという本質的な難しさを抱えているからである。また，行き着いた結果だけをとりあげてそれがどうであるかを評価するだけでは対人援助の評価にはなり得ない。そこに行き着くまでのプロセスがどうであったかを評価すべきである。これは援助の本質でもあるし，対人援助の評価の本質でもある。

　事例研究は，対人援助の評価方法のひとつとして位置づけられることを前節で指摘した。そのためには，①本人の側からの理解を深めること，②本人の変化を客観的に捉えること，③本人の変化に伴う援助者の働きかけの内容を評価すること，④以上の経過と内容を含めた総合的評価をすること，の4つの内容を含まなければならないのである。

　事例研究をとおして，事例提供者が自分のかかわってきた事例について振り返り，それを事例提出用にまとめ，ケースカンファレンスで発表し，参加者に

よる討議によって事例を深く掘り下げ，援助のあり方についての深い検討ができた時，そこでの事例研究は実践の質的評価の場となりうるはずである。

さらにこうした質的評価を積み重ねていくことによって，量的評価だけには拘泥しない新たな評価の基準が作られることになる。この基準の作成が援助者の実践活動の拠り所となる指針となる。その意味でも，質的評価法としての事例研究の意義は大きい。

6. 連携のための援助観や援助方針を形成する

近年，要援護者の生活を地域で支援するために，保健・医療・福祉・司法等の連携の必要性が強調されるようになっている。本来，人間の生活とは全体的なものであるから，援助専門職の都合に合わせて人間が部分に分断されるのは本末転倒である。本人を主体として捉え，援助する側が「連携」をとることによって全体的にかかわるというのは，至極当然のことである。

しかしながら，地域において要援護者を支援するための連携は，決して容易ではない。各専門職が自分の専門的な役割を単に果たせばよいというのではなく，対人援助の共通基盤のうえに立ったアプローチをもたなければ連携とはいえないからである。地域における「連携」とは，本人にかかわる援助機関が各専門職の立場から自分の業務を果たすための調整をすることではなく，各専門職としての業務を手段として何を援助するのかという本人の側に立った援助目標を共有することなのである。「連携」とは単なる役割分担を意味するものではない。

したがって，ケースカンファレンスによる事例研究によって，関係者が集い，そこで連携のための援助観を共有し，援助方針を導き出すことは意義のあることといえよう。

7. 援助者を育てる

事例研究の場は，援助専門職の養成の場でもある。ケースカンファレンスは，援助者の力量や経験を問わずさまざまなレベルで参加でき，それぞれのレベルで学びの場となるきわめて優れた現任訓練及び援助者養成のシステムである。

事例研究に主体的に参加し，そこで自分の考えをまとめ，それを言語化し，人の意見を傾聴し，さらに自分の考察を深めるプロセス自体が援助者の力量を高めることになることはいうまでもない。

　そして，事例研究の場は，スーパービジョンの重要な場でもある。スーパービジョンの目的は，直接的には「援助の向上」にあるが，その過程においては「ワーカーの養成」というもうひとつの目的の比重も大きい。ケースカンファレンスにスーパーバイザー（助言者）が参加している場合は，事例提供者及び参加者とスーパーバイザーとの間にスーパービジョン関係が結ばれ，そこでの助言そのものがスーパービジョンとなる。それがグループ形態で行われるわけであるから，こうしたケースカンファレンスはグループスーパービジョンの場となる。

　また，スーパーバイザーの存在の有無にかかわらず，参加者相互のコメントのやりとりがピアスーパービジョンとなる。ピア（peer）である仲間・同僚や関係者同士によるスーパービジョンは，実質的な事例に対する助言をし合うだけでなく，相互に支え合うという機能も兼ね備えている。

　さらに，援助者を育てるという点からは，スーパーバイザーの助言や参加者相互のコメントによって自分自身についての新たな気づきや発見，視野の拡大を促すという自己覚知にも寄与することができる。

8. 組織を育てる

　事例研究は，個々の事例への援助方針や援助者の力量を高めるだけでなく，健全な組織づくりや新しい社会資源を生み出すという点においても有効な方法である。

　具体の事例を検討するなかで，その機関が組織的に対応しなければ問題解決に至らないケースや，問題解決のためには新しい社会資源が必要な場合もある。また，組織内の機構や連絡調整のあり方に問題があることも明らかになったりする。事例研究を積み重ねるなかで，そうした組織的な課題を発見し，解決に向けて取り組まなければならない。

　また同一機関のなかで，同僚がどのような実践をしているかについて知らな

いことが実際には多い。同僚の実践上の悩みなどを共感したり，それにアドバイスする余裕がなかったり，また暗黙の「不可侵条約」によって人の仕事内容には口を出さないという雰囲気が職場に蔓延していたりする場合も少なくない。こうした状況を打破し，機関全体でワーカーを支えていく環境づくりにおいても事例研究は有効となる。

さらには組織や機関内部だけでなく，地域における新たな社会資源の創造や有効な連携・協働に向けても事例研究の蓄積は有効な手段となる。

第5節 介護保険制度における事例研究の意義

社会福祉基礎構造改革にみられるように，戦後50年を経て，社会福祉の概念や仕組みは大きな転換期を迎えている。その内容は，行政改革や規制緩和という外からの圧力と，従来からの福祉制度が近年の福祉ニーズに合わなくなっているという内からの圧力によってもたらされたものである。

これは，「保護の福祉」から「選択の福祉」へという本質的変化を伴う構造的な改革を目指すものであり，その動向は，2000（平成12）年度から導入される介護保険制度に顕著である。サービス供給主体の多様化を前提とした市場原理の導入は，新たな社会福祉像の構築を余儀なくしている。

この「保護」から「選択」への転換は，行政の側から住民の側に軸足を移したことを意味する。言うなれば，「福祉の主体」というボールが行政から住民の側に投げ返されたのである。ボールを受け取った住民自らが，本当の意味での「住民主体の福祉」をこれから創造できるか。そこに介護保険制度を含めた社会福祉基礎構造改革の成否がかかっているといえよう。

そこで，新たに導入された介護保険制度下においても事例研究のもつ意義はきわめて大きい。それは，制度がいかに変わろうともそこで営まれる対人援助の原理・原則は不変であるし，また市場原理を福祉に導入するにあたっても住民の側がサービスを選択する基準は，先に述べた対人援助の本質と深く関わる

ものであるからである。

　以下，対人援助の視点からみた介護保険制度の特性とそれをふまえた介護保険制度における「対人援助の事例研究」の意義について整理しておこう。

1. 対人援助の視点からみた介護保険制度の特性

　介護保険制度は，在宅における要援護者の地域生活にどのような影響を与えるのか。ここでは，介護保険制度の基本的特質のうち，「対人援助」のあり方と密接な関係をもつ内容について指摘しておこう。

　その内容の提示に先立って，地域における「生活」が次の基本的かつ本質的性格に基づいて成立していることを認識しておかなければならない。その性格とは，「生活」がきわめて「全体的なもの」であること，そして同時にきわめて「個人的なもの」であることである。つまり，「生活」を把握するためには，生活を全体的に捉える視点と，本人の世界から「生活」を捉える視点を必要としている。後者は，前述した本人の〈ストーリー〉から理解することである。

　以下，こうした「生活」の支援からみた介護保険制度の特質について4点から指摘する。

　まず第1には，介護保険サービスだけで「生活」のすべてを支えることはできないことである。人の生活とは，多面的であり，かつその構成要素は相互に複雑に関係しあって成り立っている。介護保険サービスとは，その生活の要介護の一部分に手を差し伸べるだけであって，介護保険サービスによって生活すべてが丸ごと支援されるわけではない。介護保険サービスにおいては，生活主体者である要援護高齢者の生活ニーズのうち，その一部である介護ニーズについてのみが対象となる。このことは，介護保険サービス等の外部サービスが本人や家族のシステムに介入することによって生活全体のバランスを崩す危険性もはらんでいる。同時に，生活の全体性の観点から介護保険サービスとそれ以外のサービスとの有機的な連携をいかにとるかも課題となる。

　第2には，介護保険サービスの内容は一定の範囲に限定され，介護ニーズのすべてを満たすものではないことである。周知のとおり，介護保険制度の枠内で提供されるサービスは，市町村（保険者）ごとに在宅サービスと施設サービ

スが決定される。したがって，これら以外のサービスは保険の適用とはならない。本来，介護ニーズとはきわめて多様なものであり，また要援護者を生活主体者として捉えるならば，あらかじめ決められたサービスに個別のニーズを当てはめることはできないはずである。また，どのサービスを提供するかだけではなく，どのようにサービスを提供するかという内容の質も問われなければならない。

　第3には，要介護認定においてはＡＤＬ（日常生活動作能力）を中心とした心身の機能面の客観的評価を起点としていることである。これは，公平性が求められる介護保険制度においては当然であるが，要援護者の側からすれば，本人のワーカビリティ（問題解決能力）や家族や近隣との人間関係とは関係なく受給できるサービスの上限が決められることになる。

　第4には，要介護認定を受けた枠内において，どのサービスをどこから受けるかを決めるのは，あくまで本人自身であることを前提としていることである。ここに，自己責任を基調とした「措置」から「契約」への移行という大きな特徴がある。サービスを利用する側が，この介護保険制度を主体的に活用することによって，「全体的なもの」と「個人的なもの」という生活の特性を生かすことが可能となるといえよう。

2．介護保険制度における事例研究の機会

　介護保険制度上においても事例研究を実施すべき機会はきわめて多い。介護保険制度の特性をふまえたうえで，対人援助の観点からの事例研究を実施すべき機会を整理しておこう。

　①「支援困難事例」の検討

　介護（支援）サービス計画（ケアプラン）を作成できるケースはともかく，ケアプランを作成し，実際にサービスを提供することが容易でない困難事例をどこで検討するのかは，この制度が抱える課題のひとつである。こうした事例については，保険者も含めてどこかでケースカンファレンスを開催する必要が出てくる。

　市町村に設置されている高齢者サービス調整チームの実務者会議や基幹型在

宅介護福祉センターの機能である地域ケア会議も当然ながら困難事例の検討の場でなければならない。さらには，今後設置される「地域包括支援センター」においても事例研究は不可欠な専門的方法である。

②サービス担当者会議

介護支援専門員（ケアマネジャー）が被保険者の状態把握をしたあとに開催する「サービス担当者会議」は，対人援助の事例研究の場でなければならない。ここでは，どのようにサービスを組み合わせるかだけではなく，対人援助の視点からの本人理解を基礎として「援助目標」を導き出し，各機関で共有されなければならない。また，介護保険として提供されるサービスだけでなく，生活支援のためにその枠外の支援（サービス）についても検討しなければならない。

③継続的な管理

介護サービス計画によってサービスが提供され始めたあとも，本当に本人のニーズに合ったものになっているか，本人のニーズや「気づき」の変化に対応できているかを随時チェックする必要がある。ケアマネジャーが中心となって定期的に関係者によるサービス担当者会議（事例研究会）を開いて評価する必要があるし，緊急の場合には関係者を召集してカンファレンスを持たなければならない。

介護保険では，定期的に再評価をし，介護（支援）サービス計画を再検討する必要がある。その際にも，それまでのサービス提供機関から担当者が集まり，それまでの援助内容を評価し，今後の方針を検討する必要がある。当然ながら，そのための方法として事例研究は有効となるはずである。

第2章

事例研究の基本枠組み—5つの構成要素—

　対人援助の事例研究は，①事務局，②検討事例と事例提供者，③参加者，④助言者（スーパーバイザー），⑤ケースカンファレンスの展開過程，の5つを構成要素として成立する。
　本章では，これらの構成要素を対人援助のための事例研究の基本枠組みとして明らかにする。有意義な事例研究を実施するためにはいずれも不可欠な要素であり，なおかつこれらの要素が相互に関係を持ちながら事例研究が展開されることになる。

図2-1 事例研究の5つの構成要素

（図：事務局（司会者）、検討事例と事例提供者、参加者、助言者（スーパーバイザー）、中央にケースカンファレンスの展開過程）

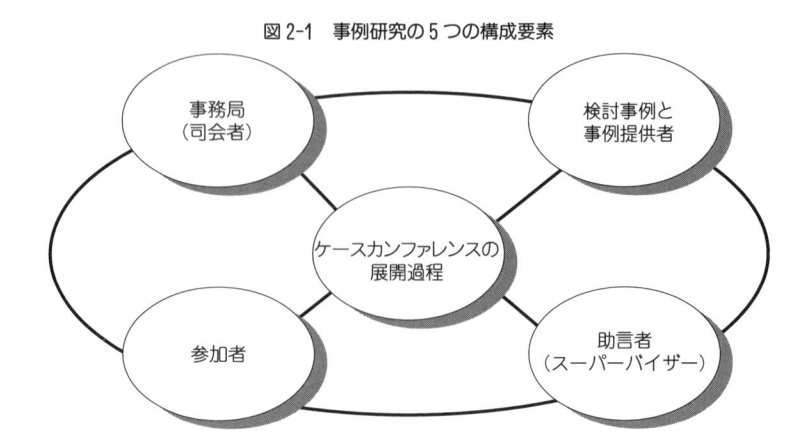

　事例研究は，①事務局，②検討事例と事例提供者，③参加者，④助言者（スーパーバイザー），⑤ケースカンファレンスの展開過程，の5つの要素から構成される。図2-1で示すように，ケースカンファレンスの展開過程において，事務局，検討事例と事例提供者，参加者，助言者（スーパーバイザー）の各要素が相互に機能的関係をもつことになる。
　以下，これらの5つの事例研究の構成要素について，具体的な内容を明らかにしていこう。

第1節

事務局

　対人援助の施設・機関において事例研究を実施するためには，その準備段階から当日の進行，事後処理までを責任をもって推し進める「事務局」の存在が不可欠である。ここでいう「事務局」という表現は便宜的な呼称であって，実際には事例研究を推進すべき位置にある部署や研修担当者等を指す。
　事例研究の内容の質は，事務局のあり方に大きく左右されるといっても過言ではない。事務局は事例研究の意義と方法について熟知したうえで，計画的に

取り組まなければならない。有意義な事例研究のために事務局がすべき仕事は多く，とりわけ当日の司会者としての役割は重い。

以下，事務局としてすべき内容を9つに整理し，それぞれの内容を具体的に明らかにしよう。

1. 参加者へのケースカンファレンスの開催通知

参加者に対するケースカンファレンスの開催通知は，同一機関・施設内でのケースカンファレンスであれば口頭で伝えたり，掲示や板書で済ますことができるが，そうした場合以外は，原則として文書で伝えることになる。地域における支援活動の場合など，参加者の所属機関が複数にわたり，日頃別々の所で活動する人がケースカンファレンスの参加者となる場合には文書による案内が必要となる。近年ではインターネットの普及により，開催通知や出欠の連絡に電子メールを活用することも増えている。

その通知内容は，ケースカンファレンスの開催日時，開催場所（会場），事例提供者及び発表事例のタイトルが主な内容となる。ケースカンファレンスを定例で開く場合や，定例の研修枠で実施する場合には日時や場所は決まっていることも多いが，その場合でも1週間から10日前までには，参加者に届くように送付することが望ましい。

この開催通知には，開催日時や開催場所の確認という事務的な意味だけでなく，参加者の主体的態度の形成，つまり参加者がケースカンファレンスに参加するための気持ちの準備を促すという重要な意味をもつ。開催通知の文書に，事例提供者（発表者）と提出事例のタイトルが記されていると参加者の関心と意識を高めることができる。また，できれば事務的な内容だけでなく，「事務局から」というようなコメント欄をつくり，そこにたとえば「今回の事例の提出は，ホームヘルパーの○○さんにお願いしました。家族関係の調整がテーマとなっています。皆さんと一緒にこれからどのようにかかわっていったらよいかを検討したいと思います」というような簡単なメッセージがあると参加者への動機づけを高めることができる。

当然ながら，開催通知は事情に合わせて内容や方法を柔軟に変える必要があ

る。場合によっては，会場の設営や配付資料の準備の都合もあるため，事務局としては参加者に出欠確認の連絡をお願いしておくこともある。

2. 会場の確保と準備

ケースカンファレンスを開催する会場の確保と参加者数に合わせたセッティングや備品の準備をしておくのも事務局の仕事である。環境づくりも事例研究の重要な条件となる。

まず，静かで声が外に漏れない部屋（会議室）を確保することが前提条件となるが，その部屋の大きさが集中して事例研究に臨めるかどうかの大切な要素となる。人数に対して大きすぎる部屋やホテルの宴会場のような天井が高い場所では事例提供者等の肉声が聞き取りにくいなど，集中できない要因となる。

参加者が着席する場所は，全員がお互いの顔を目で確認できる空間を確保することが必要である。これはグループの力動を活用するための条件となる。通常，机はロの字型に並べられる。

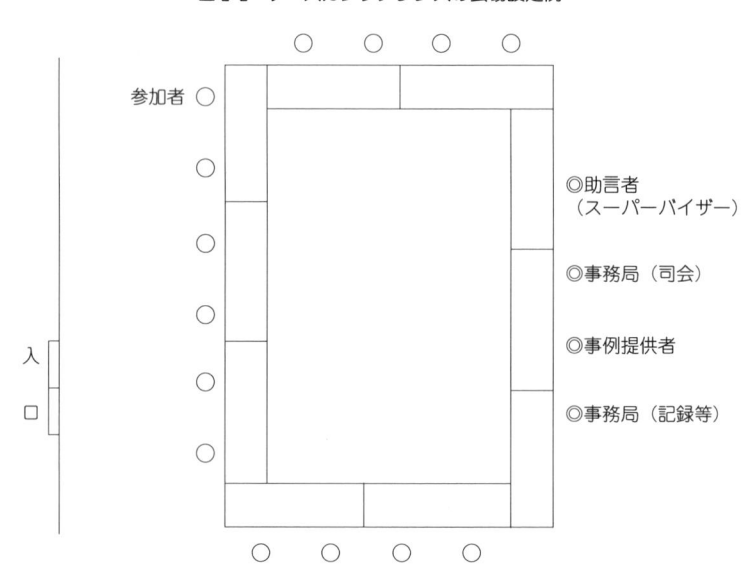

図 2-2　ケースカンファレンスの会場設定例

ケースカンファレンスの会場設定例を図2-2で示した。事務局，助言者（スーパーバイザー），事例提供者の席については，あらかじめ決めておくほうがよい。また，事務局が座る位置は，出入り口が見やすいところに設置するほうが遅れて入室する人などの人の出入りを確認したり，全体の動きを把握しやすい。また，事務局（司会者）と助言者は，隣り合わせのほうが進行上便利であることが多い。事例提供者の席は，役割を明確にする意味もあって前（司会者もしくは助言者の横）に設けるのがよいだろう。また，記録者を置く場合は，発言者の声が聞き取りやすく，全体の動きを捉えやすい場所にすることが求められる。

その他の参加者の席は，あらかじめ事務局のほうで指定しておく場合と，早く着いた人から自由に着席する場合がある。どちらにするかは参加者の状況に応じて判断すればよいが，特別な理由のない限り原則として自由に座って問題はないだろう。ただし，初めて参加する人への配慮や参加者同士の面識があまりない場合には，名札や卓上札の準備が必要となる。

なお，グループディスカッションを採り入れる場合には，可動式の机といすが必要となる。その他，備品面では，会場の大きさや参加者数によってはマイクを準備しておく必要がある。また，黒板（ホワイトボード），OHP／現物投影機，スライド等のプレゼンテーション（発表）のための機材も必要になることもある。

3. 事例の選択と事例提供者（発表者）の決定

ケースカンファレンスに提出される検討事例とその事例提供者（発表者）を決定することは，事例研究の根幹をなす部分であるから準備段階における事務局の大きな仕事となる。

事例提供者の決定に際しては，提供者と事務局が共に歩む姿勢が求められる。ケースカンファレンスに事例を提出するということは，かなりの時間とエネルギーを必要とするため相当の覚悟が必要となる。したがって，事例提供者の決定は，本人が十分納得したうえで慎重になされなければならない。

提出事例の選択と事例提供者の決定には，事例を先に決定する場合と事例提

供者を先に決定する場合との2つのパターンがある。

　事例を先に決定する場合は，機関内や関係機関内における特定事例の検討に重きを置く場合である。援助の向上やクライエントの抱える問題の解決という事例研究の本来的な意義からすれば，当然事例が先に決定されることになる。この場合，日常の実践のなかから支援困難となっている事例等を事例研究の対象事例として選択することになる。検討すべき事例の選定のためには，事例研究の担当者や同僚らの関係者が常日頃からケースの動きを知っておくという風通しのよい環境下にあることが求められる。

　当然のことながら，この場合には提出事例が決定された後に，事例提供者が決定される。通常は当該事例の担当者が提供者となる。事例の概要について最もよく知っているだけでなく，援助者としての働きかけの内容も事例の発表内容に含まれることになるので，日頃からかかわっている人が提供者になることが望ましい。事例に対して複数の機関がチームで連携しながらかかわっている場合には，中心になっている機関や最も事例に深くかかわっている援助者が提出することになる。

　もう一方の事例提供者を先に決定する場合というのは，現任訓練，つまり援助者の育成や力量の向上を優先的な目的とする場合にとられる決定方法である。ケースカンファレンスをスーパービジョンの場として位置づけ，事例提供者だけでなく参加者全員の力量の底上げを図るものである。この場合，事例提供機関や提供者は輪番制で決まる場合もあるし，参加者の話し合いや本人が立候補する場合，さらには事務局や上司の指名という場合もある。

　いずれの場合においても，提供者本人が十分に納得して取り組めるようにすることが大切であり，参加者も決定のプロセスを共有しておくことが望ましい。

4．事例提供者のサポート

　ケースカンファレンスにおいて事例提供の役割を担うことになった人は，自分の実践事例を事例研究用にまとめるという発表の準備をすることになる。この作業は多くの時間とエネルギーを必要とすることから，事例提供者に時間的負担だけでなく精神的負担をかけることになる。通常，日常の業務をこなしな

がらのことであるから，その負担はなおさら大きい。

　したがって，事務局としては，事例提供者が事例を準備する際には，勤務体制への配慮等，精神的に余裕をもって事例に向かえるような環境整備が必要な場合もある。また，事例提供者の経験が浅い場合には，具体的な事例のまとめ方について実務的に指導することも求められる。さらに，提出された事例について，事務局から補足をお願いしたり，スーパーバイザーと相談して加筆や修正を依頼することもある。

　事務局としては，常に提供者と一緒に取り組む姿勢が必要となるが，そのプロセスにおいては，提供者の思いに波長を合わせておくことも重要となる。事例提供者に対して最高の「おみやげ」を提供できる事例研究にするためにも大切な過程である。提供者に波長を合わせる内容としては，①事例を提出することへの思いや事例をまとめるにあたって大変だったこと，②事例や自分の援助に対する感想や評価，③ケースカンファレンスで話し合ってほしいことや意見を聞きたいと思っていること，の3点があげられる。

　なお，事例研究のための事例のまとめ方については，第4章で詳しく取りあげている。

5．助言者（スーパーバイザー）との打ち合わせ

　助言者（スーパーバイザー）との事前の打ち合わせも事務局の大切な仕事である。その打ち合わせの内容は，ケースカンファレンスの性質や助言者の考え方によるが，全体の進め方や事例の内容及び事例提供者についての情報の共有が中心となる。

　全体の進め方については，司会者（事務局）と助言者が大まかな確認をしておく必要がある。そして，助言者にはどのような役割を任せたいのかについても十分に擦り合わせをしておく。さらに，事例提供者がどのような思いでいるのかや参加者の気持ちを助言者に伝えることで，助言者がケースカンファレンスでの事例提供者に波長を合わせやすくなる。場合によっては，事務局，助言者に加えて，事例提供者も加えた三者で事前の打ち合わせ会を開くのも効果的である。

6. 事例等の資料の印刷・配付と記録

　ケースカンファレンスで用いる事例等の資料の印刷と参加者への配付も事務局の仕事となる。事例は，事例提供者と相談・調整のうえ，ケースカンファレンス開始時までに印刷し，参加者に配付しなければならない。なお，助言者には前もって事例を送付しておくことが望ましい。

　また，ケースカンファレンスの記録も事務局の大切な仕事である。記録は，事務局の記録担当者が筆記で発言内容等を記録（メモ）したり，テープレコーダーやビデオ等の機器を活用することもある。ケースカンファレンスの内容や成果を積み重ねていくという意味でも報告書等にまとめることが大切であるが，その場合にも当日の記録が基礎資料となる。

7. 司会（進行役）

　第3章の内容からも明らかなように，ケースカンファレンスにおいて進行役を務める司会者の役割はきわめて大きい。司会者は，事例という台本のない未知のストーリーへの案内人であり，事例提供者や参加者を配役とした演出者である。司会者は，事例提供者の精神状態，全体の雰囲気，ディスカッションにおける論点の流れ，時間の割り振り等を総合的に判断しながら，カンファレンスを進める。事例研究によって有意義な結論を導き出すためには，段階的なステップが必要となる。そのためのケースカンファレンスの展開については，第3章で詳しくポイントを解説した。

　なお，司会（進行役）は事務局の仕事のひとつであるが，場合によっては事務局の指名によって参加メンバーのなかから選ばれる場合もある。

8. ケースカンファレンスの事後処理

　ケースカンファレンスが終わってからも事務局のすべき仕事は多い。事例に直接関係する仕事としては，事例提出者へのフォローアップと検討事例の追跡調査の2点がある。

　事例提供者へのフォローアップとしては，まず精神的なサポートがあげられ

る。個別にねぎらいの言葉をかけ、また提供者が十分に消化できていないと感じた時には、ケースカンファレンス後に時間をとって話をすることも求められる。また、ケースカンファレンスで検討した事例がどのように変化しているのかについてその動向を確認することも場合によっては必要となる。必要であれば、次回の事例研究会でその後の動向を報告することになる。

ケースカンファレンスの事後処理としては、機関（上司）への報告も大切な仕事である。事例研究は機関のなかの一部の人のためではなく、また援助の向上のみならず現任訓練の意味合いももつことから、事例研究を実施した事実と内容の要約については機関全体で共有しておく必要がある。当然ながら、その場合もプライバシーの保護には十分に留意しなければならない。

さらに、事務局の重要な仕事として報告書の作成がある。定例で継続的にケースカンファレンスを開催している場合には、事例研究の内容を目で見える形にして残し、蓄積していくことはきわめて有意義である。そこから援助の原理・原則や、機関として取り組まなければならない課題を導き出す貴重な資料となる。ただし、事例研究の内容を記録し、報告書を冊子として刊行するには相当な労力を必要とする。

9. プライバシーの保護・管理

事例のプライバシーの保護を徹底することも事務局の重要な責務である。プライバシーの保護に関して事務局がすべき仕事は次の3点である。

第1には、事例の提出にあたって、その内容がプライバシーの保護に最大限配慮したものになるよう事例提供者による事例の執筆をサポートすることである。事例研究用に事例をまとめる際のプライバシーの配慮に関する注意事項については、第4章で指摘している。

第2には、事例に関する配付資料等の管理について注意を促すことである。ケースカンファレンスで用いた事例に関する配付物は、プライバシーに配慮されたものであっても終了後に回収することを原則とすべきである。参加者が不特定の人である場合や、お互いに面識のない場合には特にその配慮が必要である。外に漏らす意図がなくても、外に出てしまえばどのようなアクシデントが

起こるか分からない。そのうえで，援助に必要な場合や記録用に残しておく場合には，厳重に管理するようにアナウンスしなければならない。

また，事務局が事例提供者や助言者と準備段階で事例をやりとりする際に，ファクスや電子メールの使用を極力避けることも大切である。番号のかけ間違いやアドレス間違いが個人情報の漏洩を招くし，不特定多数の人の目に触れる危険性もある。事例の送付には，郵送等を使うのが最も確実ではあるが，ファクスをどうしても使う必要がある時には，少なくとも事前に相手に伝えたうえで送信することが求められる。

第3には，参加者に対して事例の取り扱いの注意や，内容を外に漏らさないことを常に伝えることである。プライバシーを守るということが「当たり前のこと」として慣れてしまうことが，大きな落とし穴となる。そのためにも絶えず注意を喚起しておかなければならない。

官民の個人情報保護の基本理念や民間事業者の遵守すべき義務等を定めた「個人情報の保護に関する法律（個人情報保護法）」が2005年4月から全面施行された。個人情報の取り扱いについて社会全体の関心が高まるなか，援助専門職としての守秘義務のあり方が改めて問われるようになっている。事例研究は，まさに「個人情報」に深く関係するわけであるから，当事者たちのプライバシーを守る責務はますます重くなっている。個人情報の漏洩について注意を喚起することはもちろん大切であるが，当事者本人にとって本当の意味で有益な事例研究ができるようにすることが「個人情報」をケースカンファレンスで用いる最大の目的であることを忘れてはならない。

第2節

検討事例と事例提供者

事例研究の中心的な役割を担うのは，いうまでもなく検討事例とその事例提供者である。原則として事例提供者はその事例を担当する援助者であり，ケースカンファレンスにおける事例発表者でもある。事例研究の重要な構成要素で

ある検討事例と事例提供者についてポイントを整理しておこう。

1. 提出事例数

　対人援助の領域において，本書で述べるような中身の濃い検討をするためには，1回のケースカンファレンスで取り扱う事例をひとつに限定するのがベストである。複数の事例になると，時間的にも，また参加者の集中力の持続という面においても内容を消化しきれない。また複数の事例を検討する場合，どうしても最初の事例にウエイトがかかってしまい，2つめの事例になると集中力が切れて，事例を深めることなく流してしまう傾向が強くなる。事例を深めることなく適当に援助方針を導き出すことがあっては，せっかくの事例研究を台無しにしてしまう。

　もちろんこの提出事例数は，第1章で述べた対人援助の事例研究の場合のことであって，単なる事例報告という形であればもっと多くの事例をこなせるであろうし，ひとつの事例をもっと短時間で済ませることもできよう。

2. 事例本人の承諾

　ケースカンファレンスに事例を提出する場合には，事例の本人や家族に提出の意図を十分に説明したうえで，事例を検討することについての承諾を得るのが原則である。当然ながら，検討結果については本人や家族に返す必要がある。

　しかしながら，現実には事例研究の対象する事例にはすべて「承諾」が必要という機械的な処理をすべきではない。実際，重度の認知症高齢者や知的障害者の場合など「承諾」が容易でない場合もあるし，援助の側面からすれば無理に「承諾」をとることがかえって援助を後退させる場合もある。

　何よりも重要なことは，対人援助の専門職としての価値と倫理に基づいた専門的判断によって事例研究会が開催できるか，そしてその価値と倫理に基づき本人にとって有益な事例研究ができるかが問われるということである。本人に不利益をもたらすような可能性が少しでもあるような事例研究であるならば，最初からすべきではない。

3. 事例提供者への「おみやげ」

　事例研究の最悪のパターンのひとつは，事例提供者自身及び提供者の援助内容や方法，さらには事例の登場人物を非難，叱責，中傷，攻撃の対象としてしまうことである。事例研究の意義や目的について統一できていないケースカンファレンスでは，こういうことが往々にして起こりがちである。このような状況に陥ると，その事例研究自体が無意味になるばかりか，次の事例研究に向けて内容を蓄積できず，発展性のないものになってしまう。

　事例研究は，参加者全員から事例提供者に最高の「おみやげ」をもたらすことができるようなものでなければならない。「おみやげ」とは，事例に対する取り組みの方向性に加えて，今後の援助活動に向かうエネルギーを参加者が与えることである。

第3節

参加者

　事例研究におけるもう一方の主役は，ケースカンファレンスの参加者である。対人援助の事例研究においては，参加者に事例に向かう主体的姿勢と自らの実践に目を向ける内省的視点が求められる。

1. 参加者数

　参加者が対面的な相互作用関係を保ち，グループダイナミックスを活用しつつ，ディスカッションを深めることができる最適な参加者数は10人から15人前後であろう。15人を越えると，自由に発言する雰囲気が形成しにくく，発言が一部の人に片寄る傾向が強くなる。

　事例の内容や参加者の力量にもよるが，20人を越えるような場合には，小グループでのバズセッション形式によるグループディスカッションを一部導入した方が効果的に展開できる。その場合，助言者や司会者がグループに入ること

第2章　事例研究の基本枠組み

ができないので、ある程度話し合いのできる人間関係が形成された成熟度の高いグループである必要がある。事例研究においては、そのディスカッションのプロセスを共有することが重要な意味をもつが、グループディスカッションを導入した場合、それが不可能になる。したがって、グループディスカッションを導入する場合には、そのメリットとデメリットを十分に考慮したうえで実施しなければならない（第3章参照）。

2.「本人参加」について

ケースカンファレンスの参加者（メンバー）に検討対象となる事例の当事者である本人（もしくは家族等）が入るかどうかは、難しい判断が求められるところである。本書は、当事者である本人たちを含まないメンバー、主に専門職で構成されるケースカンファレンスを想定している。

しかしながら、近年「当事者参加」の潮流が強くなり、また実際にケースカンファレンスにおいて当事者自身が参加するカンファレンスも開催されるようになっている。自分自身のことを決める会議なのであるから、当事者自らが出席し、そこで自分の意思を表明し、関係者はそれを尊重しながら今後のことを話し合うという論理は至極当然のことであるといえる。

けれども、ここに対人援助の観点から検討すべき点がある。それは、カンファレンスに参加した本人が、その場で「今後どうしたいですか？」と尋ねられて「本当のこと」を表明できるのか、その表明をもって「本人の意思」とか「本人の自己決定」とみなしていいのか。また「本人の発言」は大きな意味をもつことから専門職からみてそれが危険であったりかえって問題が深刻化すると判断した場合、その「本人の発言」をその場で覆すことができるのかといったことである。また認知症高齢者や知的障害者など判断能力が不十分な人の場合はどうするのかという課題もある。

カンファレンスの場での力動はきわめて複雑である。何らかの問題や課題を抱えた当事者たち、つまりある意味ではパワーレス状態にある本人が、ずらりと並んだ専門職の人たちの前で自分の気持ちを話すのは容易ではないだろう。また、そうしたパワー構造のなかで特定の方向性をもった結論を周囲から期待

されているという圧力を本人が感じることもあるだろう。

　だからといって，当事者本人の参加を決して否定するものではない。本書は，一貫して本人のいるところから始める事例研究を強調している限り，当事者参加の考え方は同じ流れにある。ただここで重要なことは，たとえ生身の本人自身がそこにいなくても「本人のいるところ」に専門職として近づくことができなければならないということである。本人を呼んでどうしたいかを聞けばいいといったような単純なことではなく，事例研究の場に専門職として必要な情報を事前に収集して持ち寄り，そこで事例の理解を深めることが求められる。もちろん，たとえばエンパワメントのひとつの方法として，知的障害者がカンファレンスの場で自分の意見表明をする場として活用することなどはきわめて重要な方法であることはいうまでもない。

3. 参加者の力量

　限定的あるいは特殊な事例研究を除けば，対人援助の事例研究においては，通常参加者の側に援助の力量や経験に一定の基準が設けられることはない。これはケースカンファレンスが，参加者の相互作用をとおしてそれぞれのレベルで「気づき」を深めることができ，結果として参加者全員の力量を高める場となるからである。経験年数，経歴，職種等にある程度の幅があったほうがグループダイナミックスを活用しやすくなり，議論が深まる場合が多い。

4.「参加者グループ」のダイナミックス

　ケースカンファレンスの場に出席した参加者たちは，ひとつの小集団（グループ）として捉えることができる。このことは，ケースカンファレンスにおいてグループダイナミックス（集団力学）が活用できることを意味する。ケースカンファレンスにグループダイナミックスの視点を導入することによって，より効果的にカンファレンスを運用することができる。

　ここでは，そのグループダイナミックスの視点からみた「参加者グループ」の特性について指摘しておこう。これらの内容は，事務局及び司会者として知っておくべき内容である。

まず,「グループ」は成長し続けるということである。事例研究の質を高めるためには,単発ではなく定期的に開催し,それを積み重ねていくことが大切である。その積み重ねの内容には,「参加者グループ」の成長が含まれる。事務局側には,「参加者グループ」を育てるという視点が必要となる。当初の「参加者の集まり」から「参加者グループ」としてまとまりが強くなり,一人ひとりの個性が尊重され,グループ自体が自立して目標に向かって歩むことのできるグループへと成長を促さなければならない。また,その到達すべき理想的なグループとは,お互いに助け合いができる「相互援助システム」としてのグループである。そこでは参加者がお互いの存在を必要とし,グループの活動が個々の参加者に与える影響力も大きくなる。なお,「相互援助システム」がもつ問題解決の媒体としての特性については,第5章で論じている。

グループとしてのまとまりが強くなってくると,メンバー（参加者）が準拠するようグループから期待される標準様式,つまりグループ独自のルールができる。これを集団規範と呼んでいる。ケースカンファレンスの場合には,「しっかりと人の意見を聴くこと」「自分の意見をもつこと」「参加者は誰でも平等に意見をいう資格があること」「参加者全員で事例提供者に最高の『おみやげ』をもたらすこと」といったような独自のルールづくりや雰囲気づくりをしていくことが大切となる。

さらに,参加者グループには経験年数や力量,考え方等に幅があっても,その差異をうまく活用することでグループは活性化する。ケースカンファレンスにおいて,自由に話し合える雰囲気のなかでディスカッションできれば,創造的で有意義な結論を導き出すことができよう。

5. 参加者に求められる4つの姿勢

参加者にとって学びの多い事例研究にするためには,受け身ではなく,主体的にケースカンファレンスに参加し,自らが事例研究をつくっていくようにかかわることが求められる。その主体的なかかわりとしては,「考える」「表現する」「受けとめる」「気づく」という4つの姿勢を含む。いずれの姿勢が欠けても意味ある事例研究としてそれぞれの参加者に還元されることはない。

「考える」こととは，参加者自身が自分の意見をもつことである。このプロセスを抜きにしてケースカンファレンスはありえない。自分の意見がなければ，当然ながら自分の意見を発表することはできないし，人の意見との相違点にも気づくことはない。また，その「考える」内容は，対人援助の事例研究においては，これまで述べてきたように援助者の立場から考察するだけでなく，事例の登場人物の立場から考察することが求められる。つまり，参加者自身が「自分だったらどうするか」を主体的に考えるとともに，事例の〈ストーリー〉に入ることである。

　「表現する」とは，自分の意見をディスカッションの場で発表することである。自分の考えを他の参加者に向けて発表することは，頭のなかだけで考えるよりもはるかに高い思考レベルが求められ，その結果自分の考えについての洞察が深まることになる。そして表現することによって，ケースカンファレンスにおける参加者間の相互作用を促進させることができる。

　「受けとめる」とは，他の参加者の意見を傾聴し，それを受容することである。この作業によって，自分の意見と擦り合わせることができ，その相違点から新たな気づきや発見をもたらすことができる。それは，自分のものの見方に幅を広げることにつながる。その前提には，ケースカンファレンスの場に自由に発言できる集団規範があることが条件となる。

　以上の「考える」「表現する」「受けとめる」，そして参加者同士のディスカッションによる相互作用によって，個々の参加者の洞察を深めることになる。この洞察が最後の「気づく」である。これが個々の参加者への「おみやげ」となる。

第4節　助言者（スーパーバイザー）

　事例研究は，単なる事例発表の場ではなく，また意見を言い合うだけの場でもない。事例を深め，援助者としての働きかけの方向性を導き出す場でなけれ

ばならない。そうした有意義な事例研究のためには，助言者であるスーパーバイザーの存在が不可欠である。この助言者も事例研究を構成する重要な要素のひとつである。

　助言者が事例提供者及び参加者に対するスーパービジョンを提供できるかどうかで事例研究の内容と質が大きく変わる。

1. 助言者の選定

　「助言者（スーパーバイザー）」といっても，その属性や立場，専門分野，参加者との関係等はさまざまである。本書で提示する対人援助の事例研究の場合には，スーパービジョンの管理的機能よりも，事例に対する客観的かつ適切な助言と支持的機能を重視し，機関の外部から有識者や専門家を助言者として招くという立場を基本とする。

　その場合，助言者として誰をケースカンファレンスに呼ぶかによって事例研究の質や方向が大きく左右される。それだけに事務局や主催者は慎重に選定しなければならない。その際のポイントのひとつは，それぞれの助言者が事例を分析する際に用いる理論である。この理論の違いは，事例の「切り口」の違いとなるわけであるから，当該の事例研究が求める「切り口」となるかどうかについて検討することが大切である。

　定期的に開催するケースカンファレンスに，外部から毎回助言者を呼ぶというのは，実際には難しいことも多い。そうした場合には，経験豊富な援助者や上司にあたる人が助言者的役割を担ったり，また同僚や仲間同士によるピアスーパービジョンも有効となる。その際大切なことは，「誰が」助言者（スーパーバイザー）かではなく，スーパービジョンの「機能」がその事例研究グループに存在するかどうかである。

2. 助言者の役割

　事例研究において助言者に期待される役割は，次の4点に整理できる。ただし，これらの内容を助言者が担うためには，助言者の側に対人援助の事例研究についての認識が求められる。また，すべての助言者がこれらの役割を必ず担

うというものでもなく，助言者の考え方や実施機関の意向，事例研究の特性によって果たすべき内容は大きく変わる。

第1には，事例研究全体に関わることとして，事例研究の目的や全体の枠組み，組み立て，展開方法について事務局の相談に応じることである。事例研究は，ケースカンファレンスそのものだけでなく，その準備期間から全体の流れを作ることが大切である。そのためには，事前に助言者と相談や打ち合わせをしておくことが求められる。また，第3章で明らかなように，司会者への負担はかなり大きいため，ケースカンファレンス全般にわたって司会者をサポートすることも期待される。

そして以下の3点は，ケースカンファレンスにおける事例の検討に直接関わることである。

第2の助言者の役割は，ケースカンファレンスにおける論点の整理と焦点化である。これはケースカンファレンスの核となる流れを作ることであるといえる。そのためには，事例の見立てがいち早くできなければならない。

第3は，ケースカンファレンスにおいて事例提供者や参加者が傷つくことを防ぐことである。特定の人物に対する攻撃や中傷からは創造的な検討結果が生み出されないばかりでなく，事例研究をプラスの方向に積み重ねることができなくなる。

第4は，助言者に期待される最も大切な役割となる客観的かつ専門的な視点からのコメントの提供や最後のまとめをすることである。その内容は，検討内容をふまえたうえで，事例の今後の援助方針や援助内容を具体的に提示することである。これは，ケースカンファレンスの落としどころでもあり，事例提供者に対する「おみやげ」となるものである。さらに，ケースカンファレンス全体を振り返っての評価や参加者への励ましも助言者の仕事となる。場合によっては，ケースカンファレンスの終了後に事例提供者に対して個別にスーパービジョンを実施する必要がある場合もある。

第5節

ケースカンファレンスの展開過程

　対人援助の事例研究においては，ケースカンファレンスの展開過程（プロセス）がきわめて重要な構成要素となる。それは，ケースカンファレンスで導き出すべき答えが先にあるわけではなく，ケースカンファレンス自体がその展開過程のなかで結論を創造的に導き出す「装置」であるからである。

　したがって，ケースカンファレンス全体の組み立てとその進行役を担うことになる司会者（事務局）の役割がきわめて重要となる。ケースカンファレンスの展開方法，つまり進め方が事例研究の質を決めることになる。

　そこで，本書ではケースカンファレンスの展開過程を，①開会，②事例の提示，③事例の共有化，④論点の明確化，⑤論点の検討，⑥まとめ，⑦閉会，の7段階（ステージ）から説明する。それらの全体像を図2-3で示した。

図2-3　ケースカンファレンスの展開過程

Stage 1	▶	開　　　会
Stage 2	▶	事例の提示
Stage 3	▶	事例の共有化
Stage 4	▶	論点の明確化
Stage 5	▶	論点の検討
Stage 6	▶	ま　と　め
Stage 7	▶	閉　　　会

事例研究の方法は，一般に「ハーバード方式」と「インシデント・プロセス法」に大別される。前者は，ある問題を含む事例の経過の始めから終わりまでを包括的に捉えて提示し，そこから総合的に議論を深める方法である。それに対して後者は，ある問題を含む事例の断面を具体的なインシデント（事件）として短時間で提示し，それに基づいて参加者全員が主体的に解決法を検討する方法である。「ハーバード方式」では，抽象的な議論に陥りやすかったり，参加者に一定以上の関連知識がなければ難しいといった点が指摘されてきた。それを補う形で「インシデント・プロセス法」が登場した。

　実際には，それぞれの実践領域において，その援助対象及び援助内容の特質に合わせてどちらかを変形させたり，組み合わせたりして用いている。本書において提示する7段階（ステージ）は，ハーバード方式をベースとしながら必要に応じてインシデント・プロセス法の特性を生かし，さらに対人援助のための事例研究としての特質をふまえて構成したものである。

　第3章においては，この展開過程を対人援助のためのケースカンファレンスのモデルとして詳細に解説する。

第3章
事例研究の方法としてのケースカンファレンス
―有意義な展開のための40の〈ポイント〉―

　本章では，対人援助の事例研究の方法としてのケースカンファレンスの展開過程（プロセス）について解説する。第1章で述べた対人援助の観点に立脚した事例研究においては，事例研究の5つの構成要素のひとつでもある展開過程とその方法がきわめて重要となる。ケースカンファレンスの展開過程は，①開会，②事例の提示，③事例の共有化，④論点の明確化，⑤論点の検討，⑥まとめ，⑦閉会，の7つのステージからなる。これらの内容を「40の〈ポイント〉」として提示する。

援助を深めるための事例研究の方法であるケースカンファレンスの持ち方について，その展開のポイントを40に整理した。表3-1では，①開会，②事例の提示，③事例の共有化，④論点の明確化，⑤論点の検討，⑥まとめ，⑦閉会という7つのステージにわたる40の〈ポイント〉の一覧を示した。

　表では，40の〈ポイント〉の内容とその内容の担い手を一緒に示した。「内容の担い手」欄の（司）（事）（参）（助）は，それぞれ司会者，事例提供者，参加者，助言者（スーパーバイザー）を示している。本来，これら四者のケースカンファレンスにおける役割は，相互作用的に機能するものであるが，理解しやすいように〈ポイント〉の表記としての主たる担い手に○，それに準じる担い手には△を付けた。

　以下，これらの40の〈ポイント〉を対人援助における事例研究の展開過程（プロセス）として詳しく解説する。

　本書では，さまざまなバリエーションをもつ事例研究の基本となる「事例研究モデル」を提示する。そのモデルとは，約10名程度の専門職が集い，ひとつの事例を約2時間かけて検討するケースカンファレンスである。その場合，この40の〈ポイント〉のうち半分以上の時間（2時間のカンファレンスであれば1時間以上）をステージ3の事例の共有化までの段階にあてるイメージをもつ必要がある。事例のいるところから始める事例研究においては，とりわけ前半の事例を共有化するまでのプロセスが重要な意味をもつ。

Summary and Advice について

　各〈ポイント〉の内容を実践的に理解しやすくするために，重要な点の要約やテクニカルな面からのアドバイス等を箇条書きで示した。

　Demonstration について

　以下の40の〈ポイント〉の提示に際しては，ケースカンファレンスの進め方が具体的に理解できるように，参考例として実際のケースカンファレンスの様子をもとに「Demonstration（デモンストレーション）」として再現した。

　このケースカンファレンスは，在宅介護支援センターが事務局となって開催されたものを想定している。2か月に1回，定例で開催しており，地域のサー

第3章　事例研究の方法としてのケースカンファレンス

表3-1　ケースカンファレンスの40の〈ポイント〉

段階	番号	内容	内容の担い手			
			司	事	参	助
Stage 1 (開会)	Point 1	定刻に開始し，時間の枠を明示する	○			
	Point 2	参加者がお互いに認知できるようにする	○			
	Point 3	事例研究の意義を確認し，集中力を高める	○			△
	Point 4	事例研究の展開過程を確認する	○			
Stage 2 (事例の提示)	Point 5	事例提供者を紹介し，位置づけを明らかにする	○			
	Point 6	余裕をもって事例発表ができるように配慮する	○			△
	Point 7	事例の簡単な概要と選んだ理由を明らかにする		○		
	Point 8	配付資料に沿って発表する		○		
	Point 9	全体的な所感と検討してほしい点を提示する		○		
	Point 10	事例提供者をねぎらい，要点を整理する	○			△
Stage 3 (事例の共有化)	Point 11	事例に関する情報を補足する		○		
	Point 12	事例を明確化するための質問をする	○		○	○
	Point 13	事例に対する事例提供者の「思い」を共有する	○		○	○
	Point 14	事例についての情報を整理する	○	△	△	△
	Point 15	事例を「再構築」し，イメージを共有する	○	○	○	○
Stage 4 (論点の明確化)	Point 16	事例を深める中で検討すべき論点に気づく	○	○	○	○
	Point 17	事例の性質に合った的確な論点を整理する	△	△	△	△
Stage 5 (論点の検討) ①	Point 18	検討内容の時間配分に留意する	○			△
	Point 19	ディスカッションの促進と方向づけをする	○			○
	Point 20	小まとめを入れながら段階的に議論を深める	○			△
②	Point 21	自由に発言できる和やかな雰囲気をつくる	○	△		
	Point 22	全員が発言できるように配慮する	○			
	Point 23	少数意見も大切にする規範をつくる	○			△
③	Point 24	必要な場面を逐語で再現する		○		
	Point 25	「自分だったらどうするか」を具体的に考える			○	
	Point 26	参加者の考察を深める質問を投げかける	△			○
	Point 27	対峙する意見や考えを引き出す	△			○
	Point 28	事例からみた問題発生のメカニズムを分析する	○	○	○	○
	Point 29	今後の援助のあり方について具体的に検討する	○	○	○	○
④	Point 30	必要に応じてグループ討議を採り入れる	○			
	Point 31	グルーピングの基準と方法に配慮する	○			
	Point 32	グループでの検討内容や討議時間を明示する	○			○
	Point 33	グループでの議論を全体に生かす	○			△
Stage 6 (まとめ)	Point 34	これまでの検討内容を整理する	○			△
	Point 35	事例についての最終的なまとめをする				○
	Point 36	事例研究全体を振り返る	○	○	○	○
	Point 37	事例のプライバシーへの配慮を促す	○			
Stage 7 (閉会)	Point 38	次回の事例研究会の調整をする	○			
	Point 39	全体にねぎらいの言葉をかける	○			
	Point 40	定刻に終了する	○			

注）内容の担い手の略字　〔司〕司会者　〔事〕事例提供者　〔参〕参加者　〔助〕助言者

ビス提供機関が事例研究によって，
　①共通の援助観を構築し，連携のための基盤を形成すること
　②地域における支援困難ケースの今後の援助内容について検討すること
　③関係者の援助の力量を向上させること
　④各機関の状況について情報交換をすること
を主な目的として開催している。

　定期の参加メンバーは，支援センター（事務局）のソーシャルワーカー及び看護師，福祉事務所のケースワーカー，当該地域担当の保健所保健師，ホームヘルプセンターの主任ヘルパー，デイサービスセンターの生活相談員，訪問看護ステーションの訪問看護師，社会福祉協議会の福祉活動専門員，ボランティアセンターのボランティアコーディネーター，特別養護老人ホームの生活相談員である。また，提出される事例に応じて，事例に直接関わっている関係者も適宜出席することになっている。こうしたメンバーに加えて，事例に応じて助言者（スーパーバイザー）が出席することもある。Demonstrationは，助言者が出席して開催されたものである。

　Demonstrationで紹介するケースカンファレンスにおいては，ホームヘルプセンターのホームヘルパーが事例を提出した。事例とカンファレンスでのやりとりは，本書の教材のために作成した架空のものである。なお，このケースカンファレンスで用いた「事例研究用フェイスシート」は第4章の168—169ページで，また「経過記録」については具体例を176—177ページで示している。

▶登場人物（発言者のみ）
後藤さん（司会者）：在宅介護支援センターのソーシャルワーカー（事例研究会の事務局担当）
棚橋先生（助言者）：スーパーバイザー
松本さん（事例提供者）：ホームヘルプセンターの主任ヘルパー
浦林さん：ホームヘルプセンターのホームヘルパー（Yさんの担当ヘルパー）
河野さん：デイサービスセンターのスタッフ
本多さん：ボランティアセンターのボランティアコーディネーター

第3章　事例研究の方法としてのケースカンファレンス

ケースカンファレンスの展開過程

1. 開会
2. 事例の提示
3. 事例の共有化
4. 論点の明確化
5. 論点の検討
6. まとめ
7. 閉会

Stage 1

1　開　会

▷ Point 1
定刻に開始し、時間の枠を明示する
▷ Point 2
参加者がお互いに認知できるようにする
▷ Point 3
事例研究の意義を確認し、集中力を高める
▷ Point 4
事例研究の展開過程を確認する

　Stage 1は、参加者がケースカンファレンスに向かう姿勢を形成し、全体の流れをつくる段階である。創造的なケースカンファレンスを展開するための最初の重要な段階となる。

Point 1　定刻に開始し、時間の枠を明示する

司	事	参	助
○			

　「時間」の取り扱いは，参加者の事例に向かう姿勢を形成する重要な要素のひとつである。できる限り定刻にケースカンファレンスを開始し，さらに全体の時間の枠を明示することが司会者としての最初の仕事となる。

　司会者によるケースカンファレンスの開始の宣言は，全体の流れを始動させ，参加者の事例に向かう気持ちを高める合図となる。事務局は，会場の設営や資料の配付を開始時間までに済ませておき，余裕を持って参加者を迎えなければならない。事務局が開始直前までバタバタと準備に追われていると，不測の事態に事務局として対応できないだけでなく，参加者も何となく落ち着かず，事例研究に向かう心の準備ができなくなる。

　開会のタイミングは，状況をみて判断すべきであるが，事前に案内した定刻に開始することが原則である。会場に遅れて来る人を待つことによって開始時刻が大幅に遅れると，ケースカンファレンスのための時間が削られるばかりでなく，定刻に来ていた人の気勢をそぐことにもなる。逆に，開始後に参加者がゾロゾロとやって来るようでは，事例の理解に向けた足並みが揃わない。また，定期的に開催される定例のケースカンファレンスでは，開始時間が一度遅れると次回の開始時間への集まりが鈍くなるということもよくみられることである。

　さらに，ケースカンファレンス全体で使うことのできる時間の枠を明示することもスムーズにケースカンファレンスを進めるための重要な要素となる。いつまでも無限に時間があるかのような幻想を抱かせるのではなく，与えられた時間内で課題を解決しようとする集中力の高まりを活用することも司会者の大切な手段となる。

　通常，ケースカンファレンスに使える時間は限られている。その限られた時間を有効に活用できるように，司会者が開始時間のみならずカンファレンスの展開過程全般にわたって適切に時間をマネジメントすることは有意義な事例研究にとって不可欠な要素となる。

Summary and Advice

○事前に案内していた予定時刻に開始できるようにする。ただし,数分待てばやって来る参加者がいることが分かっている場合は,待ったほうがよい。できる限り多くの人が参加できている状態で始める。

○カンファレンスに遅れる人は,できる限り事務局に事前に連絡を入れておく。もう少し待つべきかどうかの事務局(司会者)の判断の助けとなる。

○司会者は,開始時に終了予定時間を明確に告げる。もちろん,結果的に早く終わることもあるし,少々延長することがあってもよい。

Demonstration

　　司会者:まだお見えでない方も2名ほどおられますが,定刻を少々回っていますので,これから今年度3回目の事例研究会を始めたいと思います。
　　　　　現在,2時5分ですが,3時50分には事例研究会のほうは終了し,そのあと情報交換の時間を少々いただき,予定の4時にはきっちりと終わりたいと思いますのでご協力のほどよろしくお願いします。

Point 2 参加者がお互いに認知できるようにする

司	事	参	助
○			

　ケースカンファレンスの参加者としてどのような人が出席しているのかについて相互に認識し合うことは，意見を言いやすい雰囲気をつくるだけでなく，グループダイナミクスを活用するための前提条件となる。つまり，これはケースカンファレンスの「参加者グループ」というシステムの境界を明らかにすることを意味する。常日頃，仕事で顔を合わせない人がメンバーとなる場合には，簡単な自己紹介の時間をとるのも有効であるし，事務局のほうで名前や所属先が一覧になった参加者名簿を用意しておくのも顔と名前を一致させるためには便利である。また，定例のメンバーではなく，提出事例に関係して単発で参加する人がある場合には，事務局からの紹介や自己紹介が必要となるだろう。参加者が別の参加者のことを「あの人は誰だろう」という思いを持ったままケースカンファレンスを進めることは，活発なディスカッションの妨げとなる。

　さらに司会者は，欠席の連絡のあった人や遅れてくる人を参加者に伝えたり，遅れてきた人がケースカンファレンスに入りやすいように座席を確保しておいたりといった細かい配慮も大切である。

Summary and Advice

- 必要に応じて自己紹介の時間をとる。全体の時間が限られているので，簡潔に済ませること。
- 初めて参加する人は，緊張したりとまどったりしていることもあるので，開始時に司会者からきちんと紹介する。
- 必要に応じて，参加者名簿，名札，机上札等を準備する。あらかじめ決まった席に座ってほしい場合には，机上札が便利である。
- 司会者は，開始時にあと何人が遅れてやって来る可能性があるのかを参加者に知らせる。日によって参加者の人数やメンバーが異なる場合などは全員で何人の参加になるのかも知らせる。

第3章　事例研究の方法としてのケースカンファレンス

Demonstration

司会者：本日は，いつものメンバーのなかでは，社協の坂本さんが出張のために欠席，それと訪問看護ステーションの岡村さんが30分ほど遅れて来られるという連絡をいただいています。なお，本日はホームヘルプセンターの主任ヘルパーである松本さんから事例を報告していただくのですが，この事例を現在担当されているホームヘルパーの浦林さんにもお忙しいなか時間を割いて来ていただきました。したがいまして，本日の参加者は，全員がそろえば，助言者として来ていただいている棚橋先生を入れて11人ということになります。

　それでは，初めての方もおられると思いますので，浦林さんから簡単に自己紹介をお願いします。

Point 3　事例研究の意義を確認し、集中力を高める

司	事	参	助
○			△

　ケースカンファレンスの参加者が，提出された事例について理解と解釈を深め，参加者自身がカンファレンスの内容を自分のものとして消化するためには，相当なエネルギーを必要とする。そのエネルギー源のひとつは，参加者全員が事例研究の意義をはっきりと認識しておくことである。その意義とは，提出事例についての援助方針や具体的な援助内容を導き出すだけでなく，そこから参加者自身の担当事例にも役立つヒントが得られることにもある。カンファレンスの冒頭で司会者が参加者に向けて，有意義な事例研究会にしていきたいという姿勢と強い意欲を見せることが重要となる。何のために貴重な時間を使って集まっているのか，その意義を明確にすることである。この認識があいまいであると，ディスカッションの内容や焦点がぼやけることになる。

　また，開会後，いきなり事例の報告を始めてしまうと，参加者の側に事例に集中するだけの心の準備ができていないことも多い。事例研究に集中するために，短時間でタイムリーな話題を提供することも集中力を高めるためには効果的である。場合によっては，事例研究の意義や話題提供の内容については，助言者に相談したり，助言者自身からコメントしてもらうのも有効となるだろう。

　ほとんどの場合，参加者は仕事を途中で中断して，カンファレンスの場に集うことになる。そのため席に着いた後も，途中で置いてきた仕事のことが気にかかったり，カンファレンス終了後の段取りを考えたりしていることも少なくない。しかしながら，事例研究の場にやってきた限りは，その時間は割り切って事例に集中するという心構えが大切である。カンファレンスにやってくる参加者の意識と姿勢も問われることになる。

Summary and Advice

☐司会者は，参加者が事例に耳を傾けることができる雰囲気にあるかどうかを見極める。ざわざわと落ち着かない雰囲気であったり，なんとなく集中でき

ていない場合などには，事例の報告に入るまでにプログラム面での工夫が必要となる。
◯必要に応じて，司会者や助言者から事例研究の意義について再確認する。
◯できる範囲で携帯電話の電源を切ってもらうことも大切である。

Demonstration

司会者：せっかくこうして皆さんにお忙しいところお集まりいただいていますので，有意義な事例研究にしていきたいと思います。今日とりあげる事例に対して関係者が今後どのように援助していくかを導き出すというのはもちろんですが，皆さんが個々に担当しておられる他の多くの事例にも応用できるような共通の援助のあり方や視点もこのケースカンファレンスのなかで明らかにできればと思います。

助言者：地域において要援護者の生活を支えるための制度や仕組みが大きく変わろうとしています。けれども，制度が変わっても「人を援助すること」の原理・原則は不変であるはずです。ですから，こうしたケースカンファレンスにおいて具体の事例をとおして，対人援助の原理・原則を皆さんと一緒に再確認できればと思います。

Point 4　事例研究の展開過程を確認する

司	事	参	助
○			

　ケースカンファレンスの開始にあたって、司会者は事例研究の展開過程（プロセス）を参加者と確認しておく必要がある。全員でそのことを明確にしておくことによって、各参加者がケースカンファレンスに見通しをもって参加できるようになる。「次にどのように展開するのだろうか」という気の使い方をさせないことが安心感をうみ、集中力を高めることになる。

　ケースカンファレンスという合議制による事例研究においては、その展開のあり方、進め方がカンファレンス自体の質を大きく左右する。したがって、進行役である司会者の役割がきわめて大切であるが、司会者が進行のための運営技術をもつだけでは不十分で、参加者全員がそのプロセスを理解して進行に協力する姿勢が不可欠である。それは、円滑にケースカンファレンスを展開していくことだけでなく、困難事例へのアプローチを導き出すステップをそれぞれが確認する作業にもなる。

Summary and Advice
○事例研究の展開予定（流れ）を全員の前で丁寧に確認する。
○場合によっては、概ねの時間配分をあらかじめ提示しておくことも有効である。2時間枠で実施する事例研究であれば、「事例の共有化」までに少なくとも1時間程度は確保したい。

Demonstration

　司会者：さて、本日の全体の流れですが、このあと主任ヘルパーの松本さんのほうから提出していただく事例について皆さんと事例検討をさせていただきます。
　　　　　事例の報告をお願いする前に、事例研究の流れを確認しておきたいと思います。松本さんから事例の報告をいただいた後、事例を共有化するた

第3章　事例研究の方法としてのケースカンファレンス

めに質疑応答に時間をとりたいと思います。そこで事例についての共通のイメージづくりができましたら，今日検討すべき論点について助言者として来ていただいています棚橋先生にお手伝いいただきながら整理し，具体的な検討に入りたいと思います。その後，十分にディスカッションを深め，最後に棚橋先生にまとめをお願いしたいと思います。基本的には，このような流れで進めていきたいと思っていますのでよろしくお願いします。

わんぽいんと・めっせーじ 1

お茶の準備でバタバタと。

　12,3人ぐらいの参加者による事例研究会でのことです。その日は，事務局の方が参加者にお茶を出す準備をしてくださっていました。ところが，ポットのお湯が沸いた時には，すでにケースカンファレンスが始まっていました。そこで事務局のひとりがお茶を入れるために立ち上がりました。すると，参加者のなかの有志数人がそれに続々と続きました。事例発表が始まっているんだから早くしないと，という気持ちがあったのでしょう。参加者のうち半数ほどの人がお茶を入れている状態で事例発表がされる事態に陥りました。
　さすがに，私は声をかけて発表を少し待ってもらいました。やっぱり事前の準備は大事ですよね。

わんぽいんと・めっせーじ 2

「今，ここで」の関係を。

　事例研究会で顔を合わせるメンバーは，特別な研修を除くと，日頃から仕事上の付き合いがある場合がほとんどです。同一機関・施設で実施する場合は，いつも一緒に仕事をしている同僚がメンバーとなります。そうした場合，どうしても事例研究の場に日頃の人間関係を持ち込んでしまうことになります。

　けれども，ケースカンファレンスのメリットのひとつは，非日常的で特別な空間を形成できるところにあります。とりわけ，事例研究を研修として位置づける場合には，そうした空間を確保することが求められます。つまり，「今，ここで」の関係づくりが大切なのです。

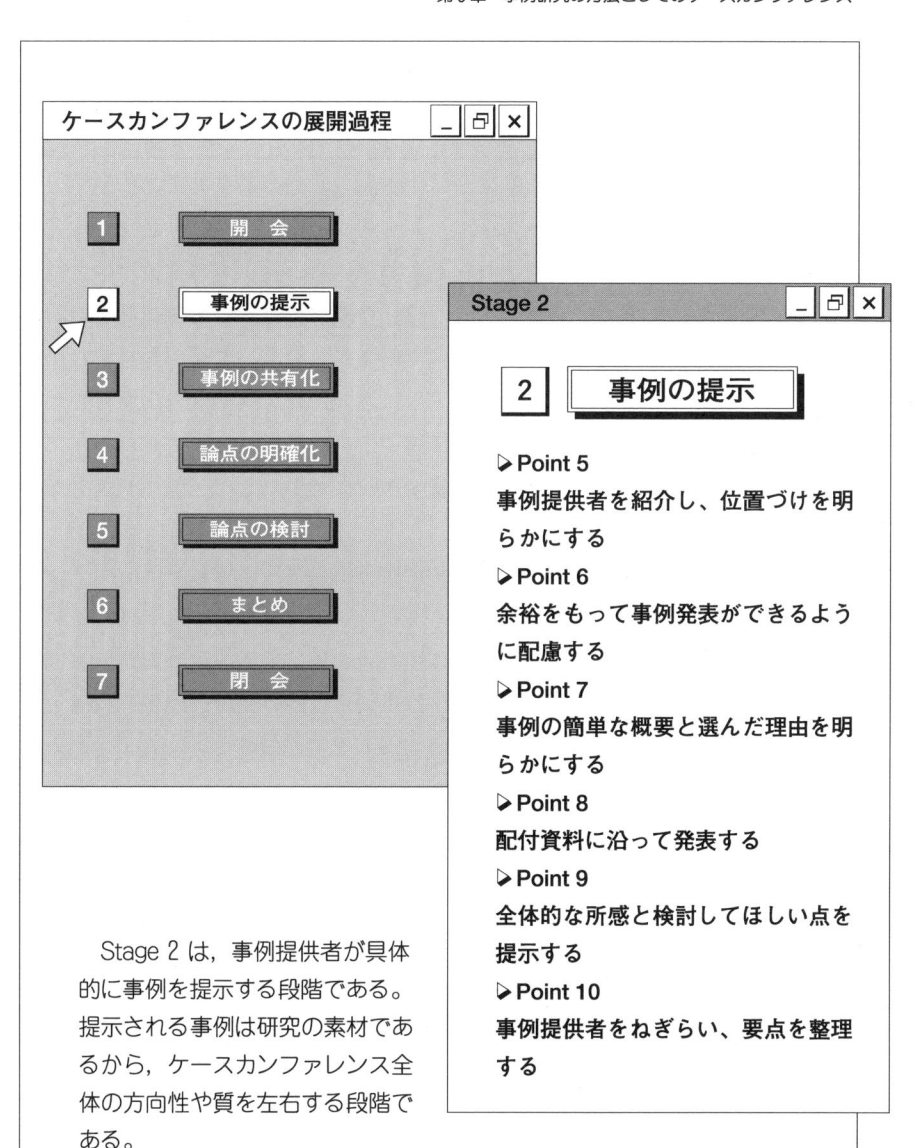

第3章 事例研究の方法としてのケースカンファレンス

ケースカンファレンスの展開過程

1. 開会
2. 事例の提示
3. 事例の共有化
4. 論点の明確化
5. 論点の検討
6. まとめ
7. 閉会

Stage 2

2 事例の提示

▷ Point 5
事例提供者を紹介し、位置づけを明らかにする
▷ Point 6
余裕をもって事例発表ができるように配慮する
▷ Point 7
事例の簡単な概要と選んだ理由を明らかにする
▷ Point 8
配付資料に沿って発表する
▷ Point 9
全体的な所感と検討してほしい点を提示する
▷ Point 10
事例提供者をねぎらい、要点を整理する

　Stage 2 は、事例提供者が具体的に事例を提示する段階である。提示される事例は研究の素材であるから、ケースカンファレンス全体の方向性や質を左右する段階である。

Point 5　事例提供者を紹介し、位置づけを明らかにする　| 司 | 事 | 参 | 助 |
| ○ | | | |

　事例提供者による事例の発表の前に、司会者からその事例提供者を参加者に紹介する。その目的は、カンファレンスにおける事例提供者の位置づけと役割を明確にすることにある。したがって、紹介の際には、単に事例提供者の所属と名前だけを伝えるだけではなく、事例提供者がどのような思いを持ちながら提出事例にかかわってきたのか、またどのような思いで事例を提出するのか等について司会者（事務局）の立場から伝達するのが望ましい。これによってカンファレンスにおける事例提供者の位置を明確にすることができ、発表者が発表しやすい環境をつくることができる。たとえるならば、事例提供者が話しやすい「演台」を用意し、司会者がそこまで事例提供者を丁寧にエスコートするというイメージである。

　さらに、参加者に対してこうした事例提供者の思いを汲み取りながら事例に向かってほしいということ、そして事例提供者に「おみやげ」を持って帰ってもらえるような事例研究にしたいと思っていることを伝えることによって、カンファレンスへの集中力を一層高めることができる。

　当然のことながら、これらを効果的に実行するためには、事前の準備段階で事例提供者と十分にやりとりをし、調整をしておくことが必要であることはいうまでもない。

Summary and Advice
- きっちりと事例提供者を紹介し、事例提供者が気分よく発表できるように配慮する。
- 事前に事務局としてかかわってきた経緯をふまえて、事例をまとめる作業に対する苦労をねぎらう。
- これからこの事例に全員で入っていきたいという姿勢を司会者から明確に打ち出す。

○カンファレンス終了後に配付資料を回収する場合は，事務局（司会者）がこの時点でそのことを参加者に伝えておく。

Demonstration

司会者：それでは，早速ですが事例の報告をお願いしたいと思います。本日の事例の提供は，ホームヘルプセンターの主任ヘルパーである松本さんにお願いしました。お手元の配付資料にありますように「生活意欲のない独居の高齢女性への援助」という事例を報告していただきます。
　　　　松本さんには，お忙しいなか苦労して事例をまとめていただきました。この事例に対してこれからどのように援助していくのかについて皆さんと検討することはもちろんですが，この事例に長くかかわってこられました松本さんや浦林さんの気持ちにも近づきながら，実際に関わっている方に今後に向けての「力」を持って帰ってもらえるような事例研究にしたいと思います。

Point 6　余裕をもって事例発表ができるように配慮する

司	事	参	助
○			△

　事例提供者による事例の発表時間は，カンファレンス全体の時間枠や事例の内容によって大きく異なるが，2時間枠で実施する事例研究会では30分前後がひとつの目安となる。短時間では十分に事例の内容を伝えきれないし，中途半端な発表が事例の共有化を阻害することにもなる。反対に長時間にわたる発表は，聞き手の集中力を減退させることになる。事例提供者は当日の事例発表をイメージしながら「事例のまとめ」を作成する必要がある。

　対人援助の事例研究においては，発表時間の枠を機械的に決めるのではなく，余裕を持って発表できる配慮が重要となる。事例発表者に十分な発表時間が確保されていることを伝え，発表者が心理的余裕をもって報告できるようにすることが求められる。それによって事例発表者自身が事例について再整理しながら発表でき，また感情を吐露するプロセス自体が，問題解決への重要なひとつのプロセスとなるからである。実際，事例をまとめる時には気づかなかったことに発表時点で思い出したりすることも少なくない。

　さらに，集中して発表事例に向かうように司会者から声かけがあれば，参加者の傾聴の姿勢を形成でき，全体の雰囲気や規範づくりにつながる。

Summary and Advice
- 時間のことはあまり気にしなくてよいことを発表者に伝える。
- 発表を聞く側の姿勢づくりにも配慮する。

Demonstration

　司会者：それでは，松本さんに事例の発表をお願いしたいと思います。あまり時間のことは気にされずに，ご自分のペースで報告していただいたら結構です。私も皆さんと一緒に集中して聞かせていただきます。
　　　　　それでは，よろしくお願いします。

Point 7 事例の簡単な概要と選んだ理由を明らかにする

司	事	参	助
	○		

　事例の報告は，詳しく事例を発表すればよいのではなく，聞き手が理解しやすいように工夫や配慮が必要となる。事例発表の最初は，事例の全体像がつかめるように提出事例の簡単な概要について話し，その事例を選んだ理由を明らかにすることによって，聞き手がスムーズに事例に入れるようになる。

　事例発表の冒頭においては，提出事例に関するごく簡単な概略を示すことが大切である。いきなり細かい内容から入っても聞き手は理解しにくい。なぜなら，聞き手の側に事例を入れる「器」ができていないからである。聞き手も情報を整理しながら理解を進めるわけであるから，情報整理のための「整理ダンス」が必要となる。つまり，事例の全体像を簡単に説明してから具体的な内容を話す方が頭に入りやすいということである。

　また，この事例を選んだ理由や，特に注意して聴いてほしい事例のポイント等を先に示しておくと，聞き手は事例提供者の思いにも近づきながら理解を深めることができる。

　いうまでもなく，「事例の発表」と「事例のまとめ」には密接な関係がある。言いたいことの伝わるまとまった発表の前提となるのは，深い思考過程を経た事例のまとめである。

Summary and Advice
- 事例の全体像がつかめるように，「フェイスシート」を使いながら簡潔に話す。
- この事例を選んだ理由や提出理由，提出に至った経緯などについて簡単に示す。

Demonstration

松本：本日は，「生活意欲のない独居の高齢女性への援助」という事例タイトル

を付けました事例を報告させていただきます。この方には，現在浦林さんに週3回訪問してもらっています。今回こうして事例を提出するにあたっては，浦林さんと二人で相談しながらまとめました。これまでかかわってきた私たちにとっては，いろいろ思い入れがある事例なので，そのあたりも皆さんに伝えることができればと思っています。

この事例は，Yさんとおっしゃる78歳の独居の女性で，リウマチによる歩行困難のために生活支援が必要となった事例です。昨年の1月の下旬に，福祉事務所を経由して私どものセンターからサービスを提供することになりました。現在では，ここにおられる複数の機関がかかわるようになりました。ひどい尿失禁と本人の生活意欲がみえないことへの対応に苦慮していましたところ，この事例研究会の事務局をしてくださっている後藤さんのすすめもあって，今回提出させていただくことになりました。

具体的なYさんの事例の内容に入る前に，この事例を事例研究の対象として選んだ理由について簡単にお話させていただきます。その最も大きな理由は，この事例に対して多くのサービスが提供されるようになったものの，最近ではその援助の方向性が必ずしも統一されていないのではないかと感じていることです。つまり，ご本人のこれまでの複雑な背景もあり，今の生活を支援するだけではなく，将来を見据えた「本人の人生」を視野に入れたもっと深いかかわりが必要なのではないかと感じています。要するに，尿失禁のことも含めた介護面を手厚くすることだけではなく，Yさんに対して何を目指して援助すればよいのかを皆さんと共有すべき時期に来ているのではないかと思われたからです。

ですから，まず関係機関で情報を共有して，本人の立場から事例を捉え直すこと，そこから今後の援助のあり方について検討していただければと思います。

Point 8　配付資料に沿って発表する

司	事	参	助
	○		

　配付された「事例のまとめ」の内容に沿って，具体的に事例を発表する。まず，事例の概要についてフェイスシートの内容を紹介し，続いて経過記録の発表に移る。経過記録の発表内容は，対象者（クライエントシステム）の客観的変化，ワーカーの援助内容，ワーカーの所感等を整理して報告する（事例のまとめ方については，第4章を参照）。

　基本的に，「事例のまとめ」に記載されていることは，省略せずにすべて口頭で読み上げるほうがよい。ただし，必要な情報等を追加するのはかまわない。発表者は，資料のどの部分について報告をしているのかについて聞き手が分かりやすいように発表し，紙面には書かれていない内容について述べる場合にはそれと分かる方が参加者は聞きやすい。

　発表者は，適度な緊張感を保ちながら報告することが大切である。その適度な緊張感が高い集中力をもたらし，事例をまとめる時には気づかなかったことを思い出したり，その場で事例についての新たな発見をすることも少なくない。したがって，単に配付資料の報告ということではなく，事例発表自体が問題解決や援助の方向性を見出す最初の段階となることを認識しておく必要がある。

Summary and Advice
- 発表者は，参加者に向けて用意した資料の確認をする。「事例のまとめ」には通しのページ番号を付しておく。
- 「事例のまとめ」に沿いながら丁寧に読み上げる。基本的には省略しない。
- 発表の際，必要に応じて追加情報を入れる。

Demonstration

　　松本：まず，お手元の資料の確認をさせていただきます。資料は全部で3種類あります。まず事例研究用のフェイスシート（第4章の168—169ページにこ

の事例のフェイスシートを掲載)，それにこれまでの経過記録を2種類添付させていただきました。ひとつは，ホームヘルプセンターがサービスを開始するまでの簡単な記録を参考までに付けさせていただきました。もうひとつは，かかわり始めてからの詳しい経過記録です。

それでは具体的な内容について報告させていただきます。まずフェイスシートをご覧ください。事例の概要から報告させていただきます。

Yさんは大正9年生まれで，現在79歳です。幼少時に，大工であった父親が仕事中の事故で亡くなり，経済的に苦しい家庭に育ちました。母親は常に病気がちで，入退院を繰り返していたため，Yさんは15歳の頃から縫製工場で働いてこられました。長女であったこともあり，きょうだいの生活から母親の看病までを担わざるをえませんでした。25歳の時に職場結婚をされますが，長男出産後の32歳の時に離婚されています。看病していた母親も離婚前に死去されたそうです。その後，現在の地で一人息子を一人で育ててこられました。しかし，その長男さんが22歳の時に自殺され，その後一人暮らしをしてこられました。

心身の状態ですが，ヘルパー派遣の直接の原因になっているのが長く患ってこられたリウマチです。平成3年頃から悪化し，今ではすべての生活面において何らかの介助が必要になってきています。それと，後で詳しくお話しますが，尿失禁が頻回にあるうえに，本人がパンツを履きたがらないという状態になっています。

コミュニケーションについては，そこにあるとおりです。会話は十分に可能ですが，短気な面があり，興奮されると言葉づかいが荒くなります。日中，家ではテレビがついていることが多く，昔から阪神タイガースのファンだということで，野球中継がよくついています。デイサービスでは，他の参加者の方と話をされることはあまりないと聞いています。デイサービスでのことは，あとで河野さんの方から報告してもらえると思います。

さて，支援体制ですが，親族関係では，弟さんと妹さんがご健在ですが，近年はほとんど連絡をとっていないようです。福祉サービスと近隣による支援内容及び1週間の支援体制はフェイスシートに書いてあるとおりです。ホームヘルプセンターが把握している分だけですので，修正があればお願いします。

それでは，ヘルパー派遣以降のYさんの様子とかかわりについて報告します。経過記録の資料をご覧ください。

第3章　事例研究の方法としてのケースカンファレンス

（中略）

　それでは，ホームヘルプセンターがかかわり始めてからこれまでの経過のうち，Yさんの具体的な様子や変化，かかわりの内容を浦林さんのほうから紹介したいと思います。

浦林：具体的な「経過記録」を準備させていただきましたので，それをご覧ください（第4章の176－177ページの「経過記録」参照）。

　まず，昨年の10月16日の様子ですが，訪問すると，横になってテレビを見ておられました。部屋は，かなり尿臭がきつい状態でした。私からのあいさつに対して，返事はするものの視線を合わそうとはされませんでした。「ご気分はどうですか」「何かしてほしいことはありますか」という私からの声かけに対しても，「別に…」「特にないです」と返される状態でした。相変わらず，パンツを履かずに掛け布団をかけていました。敷き布団は尿でベトベトに濡れていました。「このままでは冷えるので，布団を干して，パンツを履かれたらどうですか」と声をかけると，「これでいいんです。便所でどうせ脱ぐんやし」とのことでした。この日は，布団を干すことも拒否されました。

　この日の私の所感と考察ですが，生活への意欲が感じられず，興味があってテレビを見ている感じでもないという印象を持ちました。パンツのことに対する対応については，ここで無理に促しても無意味と判断しました。ただ本人が履く気になればいつでも履けるようにと考え，枕元に新しいパンツを置いておきました。このパンツのことは，何かの無意識のメッセージかもしれないと感じましたが，そうだとしてもこの時にはまだ読みとれませんでした。

　さて次に今年の1月4日の資料をご覧ください。この日の訪問はとても印象的なことがありましたので，報告させてもらいます。この日は，年が明けて初めての訪問でした。ノックをすると本人の大きな返事がまずありました。ドアを開けると，即座に「おめでとうさん。待っとったよ」と笑顔を見せられました。尿臭はしますが，パンツは履いていました。こたつの上には，3分の1ほどに減ったカップ酒が置いてありました。お正月ということで，お隣がお節料理少しと一緒にくれたものだということでした。掃除とお昼の支度を終えると，本人から「なあ，浦林さん。あんたに息子の写真を見せたかのう」と切り出されました。その後，約40分間ほど亡くなった息子さんについて話されました。その内容は幼少期の楽しかった思

い出がほとんどで，最後は少し涙ぐまれていました。帰り際には，「今日はありがとうな」と言われました。お酒のせいもあったと思いますが，初めて私にみせた饒舌ぶりでした。この日はパンツを履いていたことや息子さんの話などから少し内面の変化があるようにも受け取れました。

息子さんの話については，私は，ひたすら聞き役に徹し，また時折その時の気持ちを言語化できるような問いかけをしました。なぜならば，本人が過去を整理していく作業のひとつであったように思えたからです。ご自分から話されるタイミングを待つことが大切であるとも感じました。

（以下，省略）

わんぽいんと・めっせーじ ③

打ち合わせのやり過ぎに注意です。

　本格的な事例研究会になるほど念入りに事前の打ち合わせをやってしまいがちです。事務局の方も事例提供者も不安でいっぱいなんですね。

　事例提供者は，その打ち合わせの場で事例の内容について一生懸命説明されます。ところが，それをもう一度繰り返さないといけない本番になると，事例提供者はすでにヘトヘトに疲れてしまっていることがあります。それでは，迫力と意欲が伝わってこない。

　「結末の決まっていないドラマ」の主役に予行練習のやり過ぎは禁物です。ポイントを絞った打ち合わせが大切ですね。

Point 9 　全体的な所感と検討してほしい点を提示する

司	事	参	助
	○		

　事例発表の最後には，事例にかかわってきた立場から全体的な所感を述べるとともに，さらに事例提供者の立場から検討してほしい論点を提示する。事例発表の最後にはこれら2つの内容が求められる。事例の経過についての客観的な報告だけで終わってしまうと，参加者がどこから事例にアプローチしたらいいのかに戸惑うことになる。まず，最初の切り口を提示するということである。

　事例にかかわってきた事例提供者自身が事例の状況や援助内容についての所感を明らかにすることは，参加者の事例提供者に対する共感的な対応を促すことになる。また，論点の見極めや議論への導入を円滑にするという効果もある。

　ただし，事例提供者が事例への感情を含めた所感を素直に提示するためには，カンファレンス自体が受容的な雰囲気であることと，事例提供者と参加者との間に良好な信頼関係があることが前提条件となる。

Summary and Advice

☐事例発表の最後に，全体の所感として，①この事例にかかわってきて今感じていること，②事例をまとめてみて気づいたこと，③今後の事例の展望や今後のことで迷っていること，④これから議論してほしいこと，などについて簡潔に述べる。

☐参加者は，事例提供者の思いや感情に共感的に耳を傾ける。

Demonstration

　松本：全体的な所感としては，パンツをめぐっての尿失禁についても対策を考えなくてはいけないのですが，そうした生活支援の面よりも「かかわり」の面で行き詰まっているという感じです。聞いていただいたように，本人から「生きる意欲」といったような前向きの姿勢がほとんどこちらに伝わってこないのです。もちろん，いろんな働きかけを試してみましたが，どう

もうまくいかないというのが現状です。
ですから，この事例にかかわっておられる関係機関の方と一緒に，Yさんへのこれからの働きかけの方向性について検討していただければと思います。

わんぽいんと・めっせーじ 4

いい事例がないんです。

「いい事例がないんです」と事例研究会を企画する担当の方から相談を受けることがよくあります。その場合，私は「『いい事例』というのは，どのような事例をイメージされていますか？」とお尋ねすることにしています。

事例研究に提出する「いい事例」というのは，事例の担当者や周囲の人たちが「うまくいった」と考えている事例ではないんですね。緊急性が高い場合には別ですが，援助者（事例提供者）が深くかかわり，また強い思い入れのある事例であるかどうか。それを選定の基準にする必要があります。「うまくいった」と考えている事例をとりあげて，ケースカンファレンス後にはその評価が正反対になっていることも少なくありません。

第3章　事例研究の方法としてのケースカンファレンス

Point 10　事例提供者をねぎらい、要点を整理する

司	事	参	助
○			△

　事例発表が終わった後，司会者は事例提供者をねぎらい，さらに報告内容の要点をごく簡単に整理する。このプロセスは事例研究の展開過程における「事例の提示」から「事例の共有化」へ移るターニングポイントとして位置づけられる。したがって，スムーズに次の「事例の共有化」の段階に移行することを意図しなければならない。司会者は，間伸びしないよう手際よくこなす必要がある。

Stage 2

　事例発表直後には，まず司会者から発表者に対してねぎらいの言葉をかけ，場合によっては助言者と共にその発表自体について分かりやすかったことや思いがよく伝わったことなど好印象を持ったことを参加者に示すことが大切である。これは，事例研究とは事例提供者（事例への援助者）や事例の登場人物を非難・攻撃することではないこと，ケースカンファレンスにおける事例提供者の位置を改めて確保すること，事例提供者に「おみやげ」を持って帰ってもらうための最初のステップとするためである。

Summary and Advice

- 司会者は，報告のあった事例の内容についてごく簡単に要約する。
- 司会者（助言者）は，事例提供者をねぎらう。その際，決して事例へのかかわりについて評価することはしない。
- 次に「事例の共有化」に移ることを参加者に意識させる。

Demonstration

　　松本：以上でとりあえず報告を終えたいと思います。ご検討，よろしくお願いします。
　　司会者：ありがとうございました。Yさんのこれまでの生活歴と生活意欲がみえないこと，パンツを履かないという現状について詳しく報告をいただき

ました。また，松本さんたちの気持ちもよく伝わってきたように思います。事例をまとめるに際して，かなりのエネルギーを必要としたのではないかと思います。
助言者：非常によく整理された中身の濃い事例報告であったと思います。日頃のかかわりの深さが垣間見えましたし，その分課題の大きさも知ることができました。これから皆さんとこの事例を深く共有したいと思います。

わんぽいんと・めっせーじ 5

　　　　　青木さん…，じゃなくてＡさん。

　事例発表の際，その登場人物のことを，「青木さん…，じゃなくてＡさんは…」と事例提供者が何度も言い換える場面があったりします。事例提供者にしてみれば，日頃からかかわっている人なのですから，ついつい実名で呼んでしまうのもありがちなことです。けれども，「青木さん…，じゃなくてＡさんは…」のフレーズが何度も繰り返されるとプライバシーの観点からしてもおかしいですし，事例提供者自身にとってもストレスになります。ですから，配付される紙面上には「Ａさん」としても，発表では無理矢理に「Ａさん」と呼ぶことに固執しなくてもいいと思います。また，連携の必要な場合には実名をあげなければ検討できない場合もあります。
　プライバシーを守るためには，名前も内容も外部に漏らさないという確固たる認識が参加者全員にあればいいわけです。「Ａさん」と呼ぶことだけでプライバシーの保護が達成されたことにはならないのですから。

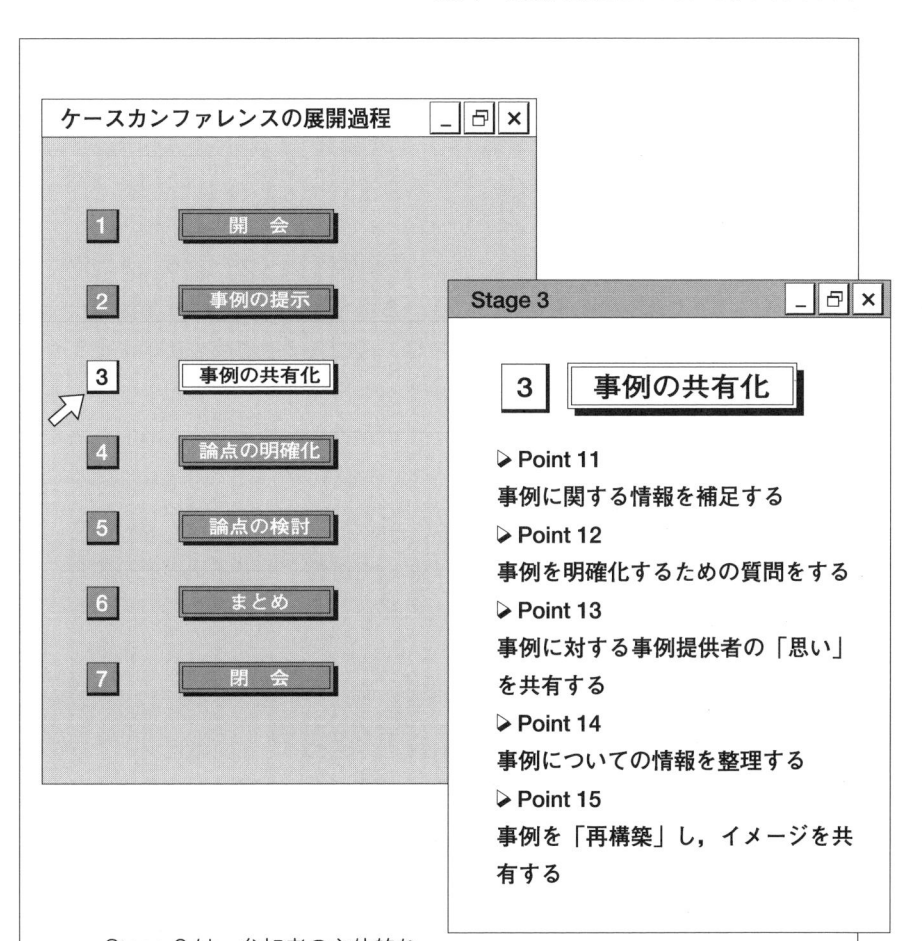

第3章　事例研究の方法としてのケースカンファレンス

ケースカンファレンスの展開過程

1. 開会
2. 事例の提示
3. 事例の共有化
4. 論点の明確化
5. 論点の検討
6. まとめ
7. 閉会

Stage 3

3　事例の共有化

▷ Point 11
事例に関する情報を補足する
▷ Point 12
事例を明確化するための質問をする
▷ Point 13
事例に対する事例提供者の「思い」を共有する
▷ Point 14
事例についての情報を整理する
▷ Point 15
事例を「再構築」し，イメージを共有する

　Stage 3 は，参加者の主体的な参加による「事例の共有化」である。事例の提示を受けて，事例に関する追加情報と質疑応答によってさらに事例を明確にする。この段階は，事例に関する情報を単に確認するというだけではなく，ケースカンファレンスの場で参加者が事例を事例の立場から「再構築する」こと，つまり事例の〈ストーリー〉に参加者全員で入ることに重点が置かれる。

Point 11　事例に関する情報を補足する

司	事	参	助
		○	

　事例提供者による事例の提示が終わった後，参加者が相互に事例に関する情報を補足し合うことが「事例の共有化」の最初のステップとなる。多角的に情報を収集し，その擦り合わせをすることが事例を深めるためには欠かせない。事例に登場する人物がみせる表情や発言は，援助機関や援助者によって異なることが少なくない。とりわけ，複数の機関から複数のサービスを受けている場合には，提供機関によって本人の表情や反応が違ったりする。多角的な情報の収集は，事例の理解に大きく役立つ。

　まず，事例提供者以外の参加者のなかに事例に実際にかかわっていたり，何らかの情報を知っている人がいれば，それらの情報を提供する。その場合には，司会者（事務局）のほうでそういった人の存在をできる範囲で事前に把握しておき，司会者のほうから順に指名する。

　その他，参加者のなかには，事例の発表を聞いているうちに新たな情報を思い出したり，過去に相談を受けたりしたことを思い出すこともある。また，司会者が事前に把握していない情報を参加者が持っている場合もある。

Summary and Advice
○参加者のなかに提出事例について直接知っている人があれば，補足的に情報を提供してもらう。
○場合によっては，この後の質疑応答のなかで情報を提供してもらってもよい。

Demonstration

　　司会者：それでは，続いて「事例の共有化」の段階に移りたいと思います。まず，現在Yさんにかかわっておられる機関から，このケースについてお伺いしたいと思います。では最初に，デイサービスセンターの河野さんいかがでしょうか。

河野：はい。Yさんが，デイサービスセンターに来られるようになって3か月が経過しました。最初から表情が非常に固く，他の利用者と話をされる場面は今でもあまりみられません。ただ，尿失禁については，最初の頃は失敗されることはありましたが，今では職員に尿意があることを訴えられるようになりましたので，ほとんど失禁されることはなくなりました。他の利用者と一緒にレクリエーションなどをされようとしませんので，できる限り職員の誰かが一緒にいるようにしています。

司会者：ありがとうございました。それでは次にボランティアセンターのコーディネーター，本多さんお願いします。

本多：はい。4月に松本さんの方から依頼があり，週2回，センターの登録ボランティアさんの方からお弁当を届けています。ボランティアさんによれば，その日によって機嫌の良い時と悪い時があるようです。機嫌の悪い時は目も合わせてくれないけれども，機嫌の良い時は30分近く話すこともあるようです。そこで，その配食ボランティアさんが，Yさんのお宅に話し相手として不定期ですが最近訪問されるようになりました。

司会者：ありがとうございました。後ほど，話し相手のボランティアさんとどのような話をされているのかについてお聞きしたいと思います。他に，Yさんについて何かご存じの方ありませんでしょうか。

　　　　（以下，省略）

Point 12　事例を明確化するための質問をする

司	事	参	助
○		○	○

　事例が提供者によって報告され，さらにその事例について直接にかかわる参加者から情報の提供を受けた後，参加者，司会者，助言者から事例提供者に対して事例を明確にするための質問を投げかける。この作業は，事例の側から事例を再構築し，イメージを共有することに向けたひとつのステップとして位置づけられ，カンファレンスの前半のヤマ場となる。

　ここでは，いくつかの留意点があげられる。まず，「質問」の目的についてである。質疑応答といっても「事例のすべてを明らかにすること」がここでの目的ではない。したがって，「質問する」というプロセス自体が検討すべき対象や内容の焦点化をもたらすものでなければならない。言い換えれば，問題の本質についてアタリをつけながら質問する作業を含んでいるということである。

　そうした基本的立場は，質問の内容や仕方にも重要な視点を与えてくれる。質問の内容については，事例の本質を明らかにする質問を投げかけることが求められる。事例を対人援助の観点から浮き彫りにするという作業は，質問の内容に大きく左右されることになる。ケースカンファレンスにおいては，対人援助の観点からの質の高い質問が求められる。その質を高めるための力量は，有意義なケースカンファレンスを積み重ねていくことによって高めることができるものである。

　また，質問の内容に制限を加えなければならない場合がある。これは司会者や助言者の役割となる。プライバシーの観点から質疑応答の内容を事例の検討に必要な範囲内にとどめる必要がある場合や，質問という形をとりながらも事例や事例にかかわる人への非難や攻撃となっている場合には，適切な介入が必要となる。

　回答する事例提供者の側にも留意すべき点がある。それは，質問に対して，曖昧な回答はしないということである。憶測や推測で情報を穴埋めしたり，不明な点を曖昧にすると，参加者の事例に対するイメージが事実からそれてしま

うことになる。「分からない」ことについてはそのことをきちんと伝える必要がある。

Summary and Advice

◯最初に質問する2〜3人の人は，事例提供者にねぎらいの言葉をかける。その際，「いいかかわりができるようになったわね」とか「前よりはよくなったわ」といった何らかの評価の入った「ほめること」は避ける。ここでの「ねぎらい」の言葉は，その後のカンファレンスの雰囲気をサポーティブ（支持的）なものすることを意図している。当日のカンファレンスグループが動き始めるこの最初の一歩が重要な意味をもつ。

◯事例が見えていないこの段階で，事例の内容についての評価や解釈，あるいは今後のかかわり方については絶対に言及しない。ここでは基本的に事実に基づく情報を取り扱う。

◯事例提供者のかかわりについて非難・攻撃することは絶対にしない。「たとえば，○○○といったような働きかけも考えられたのではないかと思うのですが，それは試されなかったですか？」といったような質問形式になっているもののなかに非難的なニュアンスを含む場合などにも注意する。

◯参加者が自分の担当事例について，「私も同じような事例を担当してます。私の場合は……」といったような自分の事例を披瀝することは避ける。提出事例から焦点がずれていくことになる。

◯助言者や司会者は上記のようなまずい質問があった場合には適切に介入する。

◯「質問したいことは3つあります。まずひとつめは……」という感じで複数の質問をまとめてせずに，ひとつずつ質問するのが基本である。

◯司会者は，「他に質問はありませんか」の繰り返しだけでなく，同系の質問を束ねたり，時折整理・要約したりしながら進行する。

◯質問はいつの段階でもできることを示し，状況を見極めたうえで段階で次の段階に移る。事例のすべてを赤裸々にすることが目的ではない。

◯この質疑応答の過程が，問題のメカニズムや本人に近づくためのひとつの方法であることを意識する。

Demonstration

司会者：それでは質疑応答の時間にしたいと思います。松本さん，浦林さん，それと事例に関係されている機関の方に対して皆さんから質問をよろしくお願いします。

参加者Ａ：では，最初に私から質問させていただきます。松本さん，事例のまとめと報告，本当にお疲れさまでした。Ｙさんは，お元気な頃から元々どのような性格の方だったのか。分かる範囲で結構ですので，教えてください。

松本：そうですね。おそらく気丈で，しっかりされた方だったと思います。離婚後，１人で息子さんを育ててこられたということも関係しているとは思います。気の強さも垣間見えますね。

司会者：デイサービスセンターの河野さんはどうですか。

河野：私もそのような印象をもっています。ただ，本来はもっと社交的な方なのではないかとも思ったりします。少しずつ，うちの職員とも，談笑とまではいきませんが，笑顔で話されるようになってきています。

司会者：それでは，他の質問にいきましょうか。

参加者Ｂ：生活歴の紹介のなかで，一人息子さんが22歳の時に自殺されたとありました。Ｙさんの人生においてきっと大きな出来事であっただろうと推測できます。Ｙさんご本人は，このことに関してその当時どのような思いでおられたのか，また現在どのようにそれを整理されておられるのか。よければ，その点についてお願いします。

松本：今，担当している浦林さんのほうが知っているかと思いますので，お願いしたいと思います。

浦林：なかなか触れにくい内容なので，突っ込んで尋ねることはできていません。ただ，「あの時は目の前が真っ暗になった。何もする気がなくなった」と一度だけおっしゃったことがあります。今，どのように整理されているのかについては，整理できているのかどうかも含めてよく分からないですね。

河野：デイサービスでもそのことについて口にされたことや触れたことは一度もないと思いますね。

司会者：この事例のポイントのひとつでもありそうですね。では，他の質問はいかがでしょうか。

助言者：ひとつ，質問させていただきます。先ほど松本さんから，「本人から『生きる意欲』といったような前向きの姿勢がほとんど伝わってこない」という表現がありましたが，そのあたりについてヘルパーさんのかかわりも含めてもう少し詳しく教えてもらえませんか。

松本：はい，わかりました。たとえば，Yさんに何かお手伝いしましょうかと声をかけても，「いや，結構です」「特に何もありません」というやりとりがよくあるパターンです。それは，必ずしも拒否されているという感じでもないのですが…。ですから，なかなかヘルパーとの関係も深まらないし，空回りしている感じが強いですね。

助言者：なるほど…。今「空回り」という表現がありましたが，もしご本人の本当のニーズに触れたり近づくことができれば，空回りでなく，本人からの働きかけや意欲みたいなものがでてくるという感じを持たれていますか。

松本：ええ。おそらく私たちも気づいていないので，ずれているのだろうと思います。だからもどかしくて…。

助言者：この点が事例を理解する大きなポイントのひとつだろうと思います。

（以下，省略）

Point 13　事例に対する事例提供者の「思い」を共有する

司	事	参	助
○	●	○	○

　事例提供者の事例に対する思いは深く，また複雑である。事例を提出するにあたっての葛藤をもっている場合も少なくない。事例の共有化においては，研究対象となった事例に関する客観的な情報を共有しながら理解を深めるだけではなく，事例提供者のもつ感情も共有することがケースカンファレンスの大切なプロセスとなる。事例提供者のもつ感情の共有とは，事例に対する援助者の立場からの「思い」を参加者が分かち合うこと，そしてしっかりと受容することである。それは同時に，援助の視点から事例を捉えるための多角的視点のひとつとなる。

　事例提供者の「思い」を共有するためには，受けとめる側の参加者と事例提供者との間に信頼関係があること，そしてその延長線上に形成されるケースカンファレンス全体の共感的雰囲気が不可欠である。事例提供者が，感情をオープンにしてもそれを受容してもらえるという信頼がなければ，感情を押し殺した発表になってしまう。また，ケースカンファレンス全体の雰囲気も支持的であることが望まれる。これらは，ケースカンファレンスの体験を積み重ねていくなかで形成されるものである。

Summary and Advice
◯事例提供者が事例に対する「思い」を出せるような雰囲気づくりに配慮する。
◯事例提供者は，事例に対する「思い」を適切かつ必要に応じて表出する。
◯事例提供者の「思い」を事例の理解や今後の援助の方向性の明確化に向けて生かす。

Demonstration

参加者：（浦林さんに対して）週3回訪問されていて，Yさんに対していろいろ働きかけても「いや，結構です」「お願いしたいことは，特にありませ

ん」というような反応ばかりであると,気が滅入ってしまうでしょう。
浦林：ええ。八方ふさがりで,もうどうしてよいのか分からなくなってしまう時があります。こちらのかかわりがよくないのかとも思ってしまいますし…。
参加者：それがずっと続いているわけですから,さすがに大変ですよね…。

わんぽいんと・めっせーじ 6

　　　　　　　　　私,分かったんですよ。

　事例研究会の前に事務局の方や事例提供をされる方と簡単な打ち合わせをさせていただくことがあります。その際に,事例提供をされる方が苦笑しながら次のようにおっしゃったことがあります。「私,分かったんですよ。この事例を振り返りながら提出用としてまとめてみると,ご本人の置かれていた立場や気持ちが…。やっぱり,まずかったですよね,私のかかわりは」と。
　時間をかけて事例を振り返り,整理する作業は,多くのエネルギーを必要としますが,それによって得られるものも大きいはずです。
　本番での事例発表時,この方の表情が妙にすっきりしていたのが強く印象に残っています。

Point 14　事例についての情報を整理する

司	事	参	助
○	△	△	△

　この時点で必要な事例に対する質問がほぼ出尽くしたあたりで，ここまでの事例についての情報を簡単に整理する。これには，2つの目的がある。

　ひとつの目的は，情報の整理と確認である。質疑応答は，全体像がまだ明らかでない事例についてなされるものであるから，その内容は相互関係のない単発でなされ，結果的に場当たり的な内容になることも少なくない。したがって，質疑応答によって得られた情報，内容の関連づけ，統合整理，類型化，再確認が必要となる。

　もうひとつの目的は，事例研究の対象の範囲を明確にすることである。ケースカンファレンスで取り扱う事例は，「事例提供者によって提供された事例」であって，事実そのものではない。それは，事例提供者が事例を完璧に把握していることがありえないうえに，事例提供者が言葉と文字で正確に伝えようとしても限界があること，そしてその受け手の側にも理解に幅ができるからである。したがって，このケースカンファレンスで取り扱う事例の範囲を明確にすることが大切になる。不明な点については，その内容をはっきりさせておくこともまた重要である。

Summary and Advice

☐あらゆる質問が出尽くすまで質疑応答を続けるのではなく，この時点で必要となる情報が概ね出そろった感があれば，とりあえずこの段階での質問を打ち切る。

☐司会者は，以降の段階でもいつでも質問ができることを伝える。

☐司会者は，明らかになった情報を簡単に整理し，次の段階に移る準備をする。

Demonstration

　司会者：そろそろ質疑応答の時間はこれぐらいにしたいと思います。いろいろな

角度から質問をしていただいたことで,かなり事例の理解が進んだように思います。

いくつかに整理させていただきますと,失禁のことを含めた ADL 関係のことに加えて,Yさんはもともとしっかりした性格の方であること,離婚の一因は前のご主人の暴力にあったということ,息子さんのことについては当時かなりショックを受けていたようであること,「生きる意欲」のなさを伺い知る具体的な内容についても詳しく話してくださいました。一方で,息子さんのことについて現在どのように思っているかはもうひとつはっきりしないこと,まだご健在のごきょうだいとの関係もよく分からないことも明らかになりました。また必要であれば,これ以降も何か質問があればしていただいて結構です。

Point 15　事例を「再構築」し、イメージを共有する　|司|事|参|助|
　　　　　　　　　　　　　　　　　　　　　　　　　　|○|○|○|○|

　ここでの内容は、ケースカンファレンス前半の到達すべき目標地点であり、同時に後半のスタート地点である。事例提供者による事例の紹介と質疑応答を経て、参加者が事例研究の場で得られた情報をもとに事例を再構築し、検討すべき事例について共通のイメージをもつことが目的となる。問題解決に向けてのさらに深い理解、とりわけ本人の側から問題のメカニズムを理解するプロセスは、この時点以降の後半に展開されることになる。

　具体的な作業としては、この事例についてどのような事例像を描いたかについて参加者が意見を交換し、イメージの擦り合わせをすることになる。ここで大事なのは、事例の外側からではなく、事例の内側から研究対象となる事例を「再構築」すること、つまり本人の〈ストーリー〉という文脈のなかに立つことが求められる。

　同時に、この作業は、ケースカンファレンスで検討すべき論点について事例提供者も含めた参加者全員が気づくプロセスとなる。

Summary and Advice
- 得られた情報をもとに、参加者全員で事例についてのイメージを共有し合う。
- 場合によっては、3分間程度の「沈黙タイム」をとって参加者一人ひとりが事例のイメージづくりをする時間をとることも効果的である。

Demonstration

　　司会者：皆さん、以上の内容をお聞きになって、このYさん、もしくはYさんの生活についてどのようなイメージをもたれましたでしょうか。
　　参加者A：うまく言葉にできないんですけど、本当にいろんな思いをもっておられるんだと思います。
　　参加者B：そうですね、私は息子さんのことをかなり引きずっておられるのでは

ないかと感じました。そして，そのことと今の「生きる意欲」と何か因果関係があるのではないかとも…。

参加者C：私もそう感じました。ただ，河野さんの話を聞いていると，表面的には変化がなくても何かが少しずつ変化しつつある，動きつつあるのではないかとも感じます。それは松本さんや浦林さんの働きかけの積み重ねの結果だと思うのですが…。

司会者：なるほど。かなり事例の本質に関わるご意見だったという気がします。他にはどのような印象を持たれましたか。

参加者D：先ほどのご意見に関連したことですが，尿失禁のこと，パンツを履かないこと，これらはご本人の「生き様」みたいなものと関係しているのではないかとも感じました。

助言者：ご本人やご本人の生活を象徴するいくつかの要素がこれまでに明らかになってきたと思います。そこで最後のご意見は，この事例を捉えるにあたって，各要素を独立したものとして捉えるのではなく，その相互関係をも含めて全体的な視点をもって，総合的かつ立体的に捉える必要があるということだと思います。そのうえで，Yさんご本人の側に立った時，「パンツの意味」が見えるのではないかという気もします。

わんぽいんと・めっせーじ 7

　　　　　　　介護保険制度でも。

　介護保険制度においても事例研究はますます重要な意味をもつようになっています。もちろん「サービス担当者会議」は事例研究のための重要な会議です。ケアプランを作成する際には本人の側からみたニーズを明らかにするために事例研究が必要となるはずですし，その後も変化するニーズに合わせて担当者による会議を定期的に開催しなければなりません。しかしながら，現実的には時間的な余裕のなさなどから十分に活用されていないのが現実です。また，関係者が対人援助の視座に基づいたケースカンファレンスを必要に応じて開く姿勢をもつことが大切です。

　介護保険が本当の意味での利用者主体の制度として運用されるか。それは，多様なレベルで，対人援助の視点をもった事例研究ができるかどうかが大きな原動力になると思います。

　その意味でも，ケアマネジャーの責任は重いですね。

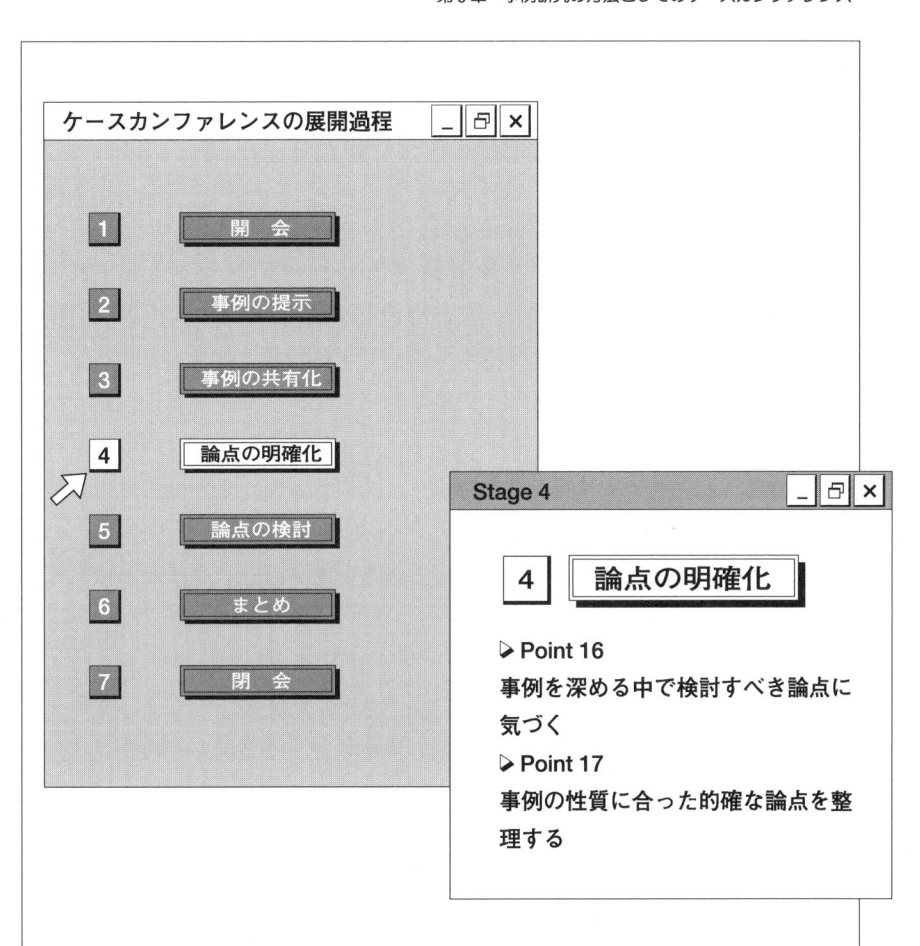

第3章 事例研究の方法としてのケースカンファレンス

ケースカンファレンスの展開過程

1. 開会
2. 事例の提示
3. 事例の共有化
4. 論点の明確化
5. 論点の検討
6. まとめ
7. 閉会

Stage 4

4 論点の明確化

▷ Point 16
事例を深める中で検討すべき論点に気づく

▷ Point 17
事例の性質に合った的確な論点を整理する

　Stage 4 では、「事例の共有化」からの経過を受けて、事例の問題点を抽出し、検討すべき論点を明確化する。参加者自身が検討すべき論点に自分たちで気づくプロセスが大切となる。

Point 16　事例を深める中で検討すべき論点に気づく

司	事	参	助
○	○	○	○

　対人援助の事例研究では，参加者全員が「事例を深める」というプロセスにおいて，次に検討すべき論点に自分たちで気づいていくことがきわめて重要である。これから何について検討すれば，今後事例に対してどのようにかかわっていけばよいかが明らかになるかをこの時点で導き出すということである。

　この作業は，前の〈ポイント15〉の延長線上に位置する。事例についてのイメージを共有するなかで，これから援助者として明らかにすべき内容が徐々に明確になる。ケースカンファレンスの前半に力を入れた「事例の共有化」が深くなされれば，後半はその事例自体がぐいぐいと参加者の議論を引っ張っていってくれる。そういう感覚がもたらされればきっとスムーズに論点が見えてくるだろう。

Stage 4

Summary and Advice

○これから何について検討すれば，今後の事例に対する援助の方向性が見えてくるかという視点から意見を出し合う。
○事例提供者の立場や各参加者の所属する機関のとしての立場からの意見も尊重する。

Demonstration

　　司会者：さて，いよいよこのあとの検討で深めるための論点を絞っていきたいと思いますが，いかがでしょうか。
　　参加者Ａ：Ｙさんについて聞かせていただいたなかで，この事例に対する援助の方向性を明らかにするためには，今のＹさんの置かれている状況をきちんと理解することがまず大事なのではないかと思います。その段階を抜きにして，どのようなサービスを提供するのかを議論しても空振りになるのではないかと思います。

参加者Ｂ：私も今の意見に賛成です。そのご本人の置かれている状況の理解には，ご本人の今の心情みたいなものも加味することが大切であると思いますね。

参加者Ｃ：当然ですが，その議論の内容をふまえて，パンツへの対処であったり，これからの支援方法を検討できればいいですね。

河野：そうですね。Ｙさんの世界からＹさんの置かれた状況を理解し，そこから統一的な援助のあり方を検討する。それをふまえて，われわれデイサービスセンターでのかかわりについて考察する必要がありますね。それは，ボランティアさんのかかわりにもいえることなのではないでしょうか。

本多：はい。Ｙさんの話し相手のボランティアさんともその視点から相談させていただく必要がありますね。しかし，ボランティアさんの存在意義は，われわれ専門職ではできない創造的な活動にありますので，その特性を損なわないようにしたいとも思います。

司会者：とても貴重なご意見をいただきました。少しずつこのあとの議論の方向性が見えてきたように思います。事例提供をしていただいた松本さんと浦林さんは，いかがでしょうか。

松本：私もその展開で是非お願いしたいです。私たちは，Ｙさんの近くにいるせいで客観的にはみれなくなっているのかもしれません。そして最後には具体的な方向性を検討させてください。

浦林：私もそれで結構です。これまで，私はとても浅いところで悩んできたのではないかと思えてきました。これからの議論が楽しみになってきました。

Point 17　事例の性質に合った的確な論点を整理する

司	事	参	助
△	△	△	○

　これまでの議論内容をふまえて，検討事例を検討するにあたっての論点を明確にする。ケースカンファレンス後半の骨格となるきわめて大切なプロセスである。その論点を導き出すのは参加者自身となるような展開が望ましいが，論点の最終的な整理と明示は助言者の仕事のひとつとなる。

　その論点の内容は，当然ながら事例の性質にあった的確なものが求められ，その数は2つないし3つ程度となる。ここで重要なことは，図3-1のようにいくかの論点についての検討の積み重ねがケースカンファレンスのゴールである結論に至るものでなければならないということである。したがって，提示された論点をどのような順番で議論するのかも場合によっては示すことになる。また，具体性のあるわかりやすい内容であることが望まれる。抽象的な内容であると，議論の内容も曖昧な内容になってしまうからである。

　さて，ここでケースカンファレンスのゴールとなる「結論」について理解を深めておく必要がある。図3-1のように，ケースカンファレンスにおいては，論点の検討を経て何らかの「結論」にまで至ることが求められる。しかしながら，ここでいう「結論」とは，事例の到達点としてのゴールを援助者が援助目標として定めることではなく，援助者がどのようにかかわれば当事者である本人たちが最善の結論にたどり着けるか，その具体的な方法を明らかにすること

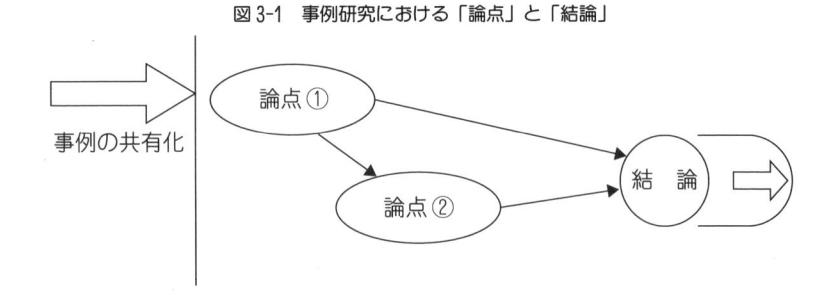

図3-1　事例研究における「論点」と「結論」

に重点が置かれなければならない。つまり、「特別養護老人ホームへの入所」や「児童養護施設への措置」などについて決定することをもって「結論」となるのではなく、本人がもっともよい結果にたどり着けるにはどのようにアプローチすればよいかに焦点が向けられることが求められる。これは、援助過程が強調される対人援助の特質を反映するものである。

さらに、その「結論」の特性として、具体性に幅があることについても確認しておく必要がある。つまり、事例へのアプローチとして、具体的なかかわり方まで明らかにできる事例もあれば、大きな方向性だけが示される事例までさまざまであるということである。それは、提出された事例の特性や情報の質によって変わることになる。図中の「結論」から右に向かう矢印は、そのことを示している。

Summary and Advice

◯これまでの議論をふまえて、主に助言者からケースカンファレンスの後半に検討すべき論点（2～3点程度）について整理し、明示する。
◯示された論点の検討によって「結論」にたどり着けることを確認する。

Demonstration

司会者：それではいろいろな意見が出ましたが、以上の内容をふまえて棚橋先生の方からこれからの論点を整理していただこうと思います。

助言者：わかりました。皆さんの議論を整理させていただく形で、次の3点についてこれから議論していただこうと思います。
まず第1点は、Yさんの立場からYさん自身が置かれている状況について理解を深めることです。皆さんがご指摘くださったように、これがこの事例検討のすべてであると言っても過言ではないと思います。
そして2点目、3点目は、この内容をふまえたものです。第2点目は、パンツを履かないことをどのように理解するかということです。なぜなら、本人なりの理由がそこにあるのではないかと思うからです。
第3点目は、今後のアプローチについてですが、これから関係者がどのように具体的に働きかけていけばよいのかについて議論していただければ

　　　　　ばと思います。
司会者：ありがとうございました。それでは，これらの３点について，さっそく
　　　　　議論の段階に移りたいと思います。

わんぽいんと・めっせーじ　8

　　　　　　　　　　　　助けてください。

　ある事例研究会の最中のことです。司会者の方から，助言者として参加していた私にメモがこっそり回ってきました。そこには「助けてください」とありました。内心，思わず苦笑してしまいました。それほど展開に窮した場面でもなかったと思いますが，少し助け舟を出しました。
　事例研究会での司会者のプレッシャーは，相当なものです。司会者は「結末が決まっていないドラマの案内人」なのですから。司会者は，非常に多くの情報を常に処理しながら，全体の舵取りと演出家の役割をとらなければならないのです。

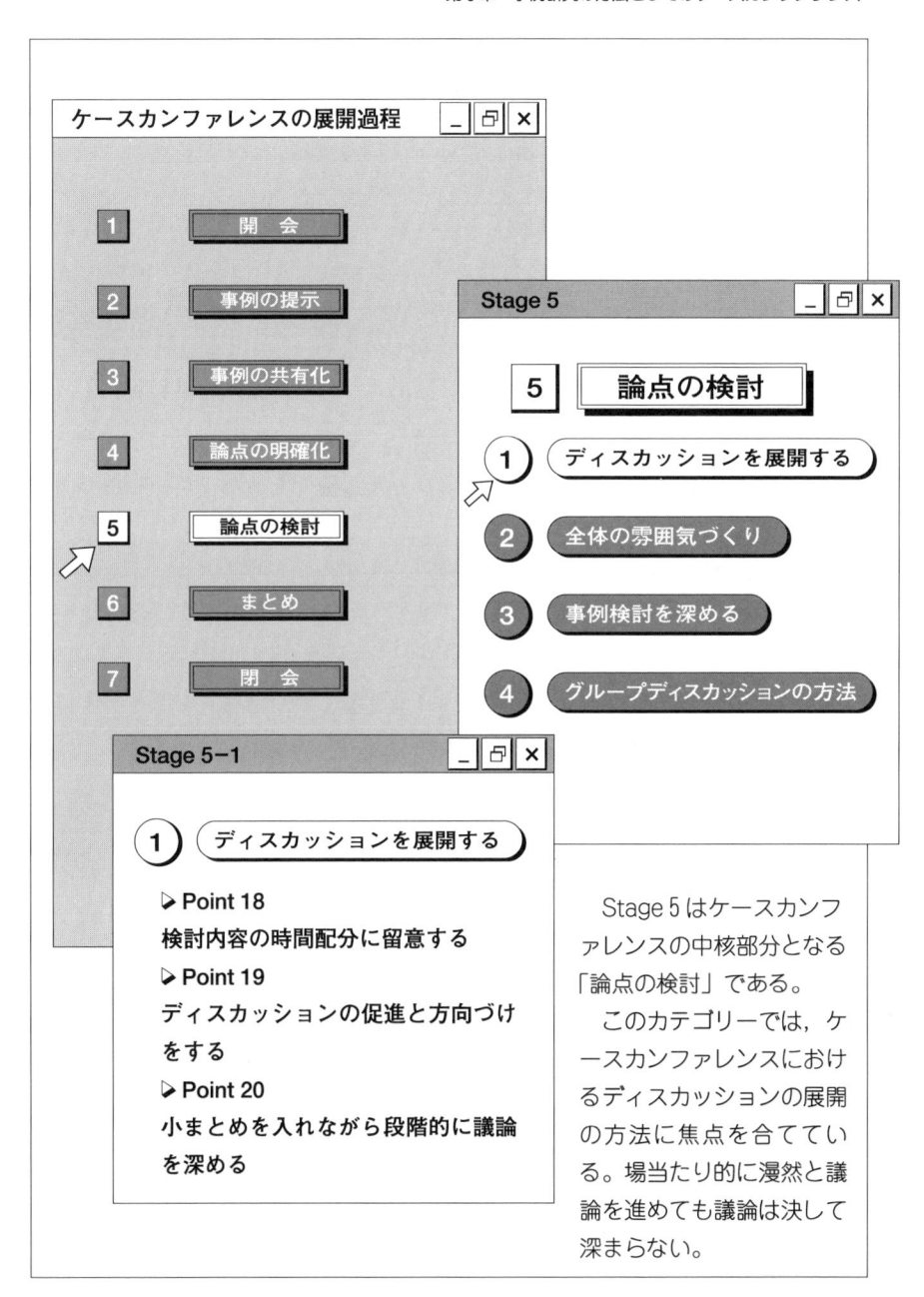

第3章　事例研究の方法としてのケースカンファレンス

ケースカンファレンスの展開過程

1. 開会
2. 事例の提示
3. 事例の共有化
4. 論点の明確化
5. 論点の検討
6. まとめ
7. 閉会

Stage 5

5　論点の検討

1. ディスカッションを展開する
2. 全体の雰囲気づくり
3. 事例検討を深める
4. グループディスカッションの方法

Stage 5-1

1. ディスカッションを展開する

▷ Point 18
検討内容の時間配分に留意する
▷ Point 19
ディスカッションの促進と方向づけをする
▷ Point 20
小まとめを入れながら段階的に議論を深める

Stage 5 はケースカンファレンスの中核部分となる「論点の検討」である。

このカテゴリーでは，ケースカンファレンスにおけるディスカッションの展開の方法に焦点を合てている。場当たり的に漫然と議論を進めても議論は決して深まらない。

Point 18 　検討内容の時間配分に留意する

司	事	参	助
○			△

　ケースカンファレンスでの議論を有効に展開するためには，時間的な枠組みをここで再度提示することが大切である。全体の時間の取り扱いについては〈ポイント1〉と〈ポイント4〉でもとりあげたが，「論点の検討」に入る段階でも時間配分を示すことは重要な要素となる。

　司会者は，討議すべき内容の全体像を把握し，限られた時間を有効に活用する必要がある。時間配分のまずさで，早急に答えを出そうとしてしまったり，事例を十分に深めることができず消化不良となる場合も少なくないからである。

Summary and Advice

- 司会者は，残り時間を考慮に入れ，「論点の検討」にどれくらいの時間を使えるのかをはっきりと伝える。
- 加えて，その時間を有効に活用し，今日の段階での「結論」を導き出す必要があることも明確に伝える。

Demonstration

　司会者：それでは，具体的な事例の検討の時間に移りたいと思います。先ほど棚橋先生に提示していただいた論点にしたがって議論をすすめていこうと思います。
　議論できる時間には限りがありますので，今から40分間をこの時間に当てたいと思います。その時間を有効に活用して，論点を深め，今日の「結論」を導き出したいと思います。

Point 19 ディスカッションの促進と方向づけをする　司○　事　参　助○

　司会者は，参加者に意見を求めるだけではなく，ディスカッションを促進させるとともに，その方向づけをすることが大切な仕事となる。ここでいう促進とは，たくさんの意見を出させるだけではなく，出された各意見の共通点や相違点を明らかにして議論を深めることである。

　具体的には，ある意見を言い換えて表現したり，再確認もしくはさらに別の表現を促したりして議論を展開させることである。こうした議論の展開は，全体の司会進行の役割をもつ司会者だけでは難しい場合もあるので，助言者のサポートを適宜得るとよいだろう。また同時に，議論の筋からそれた意見を整理しながら進行させることで，議論全体の方向づけができることになる。

　以上の内容は，ステージ5の「論点の検討」の全体をとおして必要である。

Summary and Advice

☐ディスカッションを促進するために，次のような展開方法を意識する。
　◇事例提供者や参加者に特定の場面（事象）についてもっと詳しい発言を求める。
　◇発言内容の共通点を指摘，整理する。
　◇事例の見方やかかわり方についての意見の相違点がどこからくるのかについて検討する。
　◇発言者に別の表現に言い換えて発言してもらう。
　◇ポンポンと意見が続けて出ない場合でも，司会者はむやみに指名して発言を求めない。考える時間としての「沈黙」を大事にする。

Demonstration

司会者：河野さん，先ほどのご意見，もう少し詳しく聞かせてもらえますか。
　河野：そうですね。デイサービスでのYさんのお姿と，お伺いしたヘルパーさ

んにみせるYさんの様子があまりにも違うので，ちょっととまどっているところです。

助言者：つまり，こういうことですよね。ヘルパーさんから報告のあったように，家ではパンツを履かないことにこだわられたり，イライラして荒い言葉をお使いになったりということが，職員に気を使われる一面もあるデイサービスでの様子と対照的であると…。

河野：ええ。そういうことなんです。

助言者：その違いは，Yさんを理解するヒントになるような気がします。きっと何かの「メッセージ」を意味しているのではないかと思いますがいかがでしょう。

わんぽいんと・めっせーじ 9

　　　　まずひとこと発言する勇気を。

　事例研究会に参加していると，発言する人とそうでない人にはっきりと分かれてしまうことがよくあります。不思議なもので時間の経過とともにその傾向が強くなっていきます。つまり，それまで発言しなかった人はますます発言しにくい状況になっていきます。これはグループがもつ力が作用しているんですね。

　ですから，最初のうちにひとこと発言する勇気を持ってください。次の発言がずっと楽になるはずです。

Point 20　小まとめを入れながら段階的に議論を深める

司	事	参	助
○			△

　ケースカンファレンスにおける議論は，適宜整理しながら段階的に進める必要がある。場当たり的な議論を続けても，内容が深まることはなく，また「結論」にたどり着けない。進行中の今の議論が全体のどの位置にあるのかを，参加者全員が絶えず認識できるようにすることで効果的かつ効率的に展開できる。
　そのためにも適当なところで，その間の議論の小まとめを入れる作業が求められる。これは，議論を次に展開させることを意味する。

Summary and Advice

- 次の論点に移行するときには若干のまとめや要約を入れ，全体で確認をしながら進める。
- あらかじめ示された論点から議論の内容がずれたり，あるいはそこから派生した内容になったりしても，事例の内容や議論のなかでの理解の深まりに応じて柔軟に対応する。

Demonstration

　司会者：それでは，このあたりでこれまでの議論をまとめておきたいと思います。これまでの皆さんの議論を集約すれば，Yさん自身が，離婚のこと，息子さんの自殺のこと，自分の体のことなど十分に受けとめることができていない面があるのではないか。そしてご本人の発言からすると，息子さんのことをかなり重く引きずっているのではないかということでした。以上の点をふまえて，次の議論に移りたいと思います。

わんぽいんと・めっせーじ 10

さっきのグループと同じです。

　本文中にも書きましたが，グループディスカッションをとり入れると，グループでの話し合いの内容を全体の場に返すことが難しいんですね。
　グループでの話し合いの終了後，グループの代表者に話し合った内容を順に報告してもらいます。その際に，後の方のグループになると，「さっきのグループとほとんど同じなんですが…」という出だしで始まることがよくあります。近い内容であったとしても，話し合いの内容がほとんど同じであることなんてありえないはずです。
　グループディスカッションも一長一短です。

第3章　事例研究の方法としてのケースカンファレンス

ケースカンファレンスの展開過程

1. 開会
2. 事例の提示
3. 事例の共有化
4. 論点の明確化
5. 論点の検討
6. まとめ
7. 閉会

Stage 5

5　論点の検討

1. ディスカッションを展開する
2. 全体の雰囲気づくり
3. 事例検討を深める
4. グループディスカッションの方法

Stage 5-2

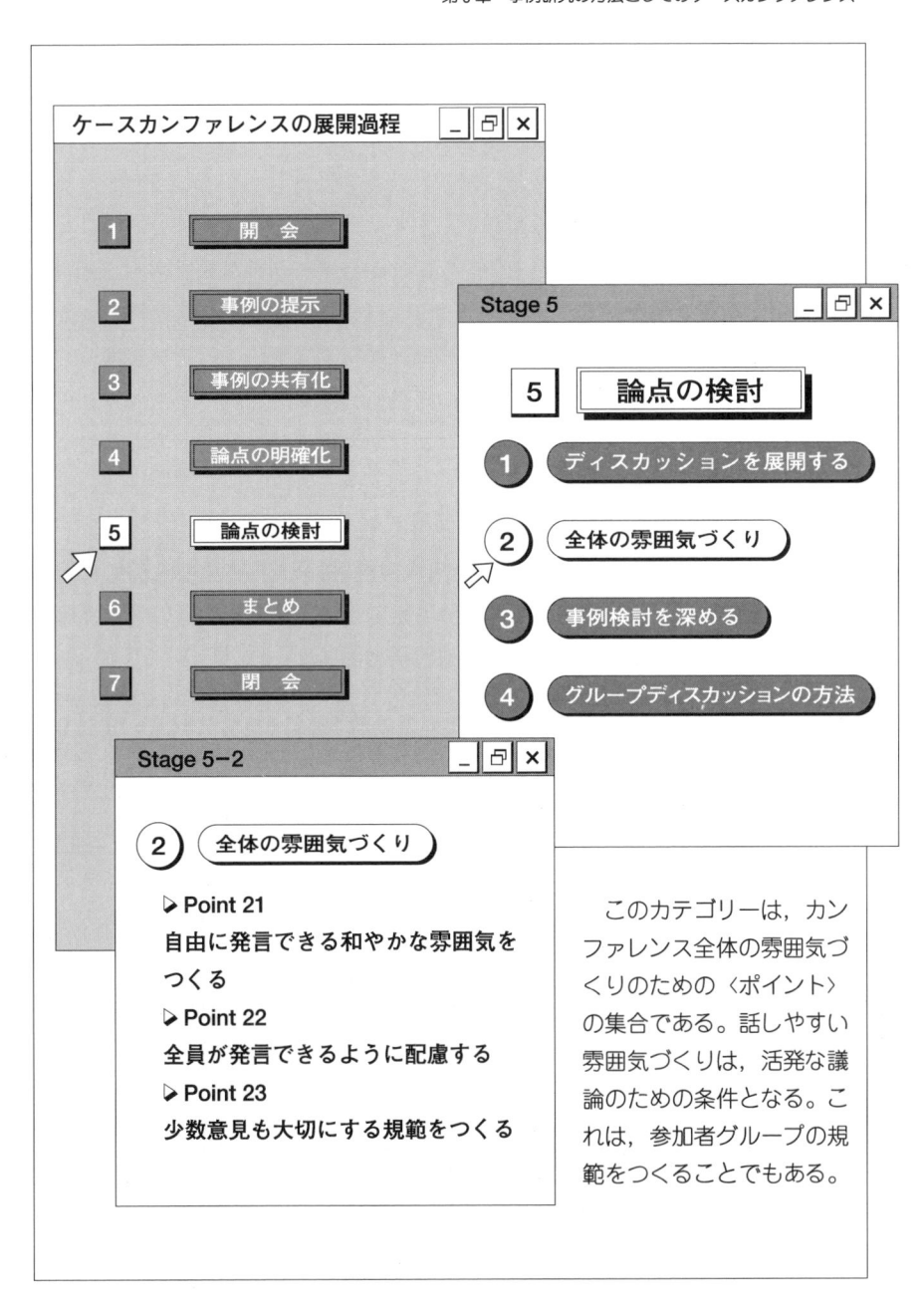

2　全体の雰囲気づくり

▷ Point 21
自由に発言できる和やかな雰囲気をつくる
▷ Point 22
全員が発言できるように配慮する
▷ Point 23
少数意見も大切にする規範をつくる

　このカテゴリーは，カンファレンス全体の雰囲気づくりのための〈ポイント〉の集合である。話しやすい雰囲気づくりは，活発な議論のための条件となる。これは，参加者グループの規範をつくることでもある。

Point 21 自由に発言できる和やかな雰囲気をつくる

司	事	参	助
○		△	

　自由に発言できる和やかな雰囲気は，グループのひとつの規範である。ケースカンファレンスは，参加者の主体的な参加があって初めて成立する。その参加が，相互作用を生みだし，個々に気づきを与え，参加者自身が事例というドラマに入り込み，その〈ストーリー〉のなかから問題解決への糸口を創造的に導き出すことを可能にする。対人援助の事例研究においては，ディスカッションへの参加がすべての端緒となる。それだけに，自由に発言できる雰囲気はケースカンファレンスに不可欠である。

　司会者は，参加者を巻き込みながら自由に発言のできる和やかな雰囲気を意識的につくる必要がある。それは，事例に直接関係のない内容を意図的に用いて和やかな雰囲気にすることもできる。また，必ずしも「正しいこと」だけを発言する必要のないことを伝えることも大切である。

Summary and Advice

- カンファレンスの開始時点から司会者は話しやすい雰囲気づくりに配慮する。
- 司会者の緊張は参加者に敏感に伝わるので，司会者自身がリラックスして臨めるようにする。
- 司会者だけで雰囲気づくりをしようとするのではなく，ユーモアのあるメンバーを巻き込むなど雰囲気づくりの方法を工夫する。
- 日頃の地域の話題や自分自身に起こった出来事の紹介，あるいはちょっとした冗談など，事例とは直接関係のない話題を雰囲気づくりのためにうまく活用する。

Demonstration

　司会者：できる限り自発的に発言していただけたらうれしく思います。ベテランの方もそうでない方も是非自由にご発言ください。「正解」を言わなく

Stage 5

てはと思ってしまうと，ついつい萎縮してしまいます。正しいかどうか
　　　でなく，いろいろな角度からいろいろな意見や考えを出していただくこ
　　　とで，新しい発見があったりします。そうですよね，本多さん。
本多：そうですよ。僕なんか，パンツを履かずに寝ることがあるんで，Yさん
　　　と同じだなあと思っていたところです。
全員：（笑）
司会者：ありがとうございました！（笑）

わんぽいんと・めっせーじ 11

光るセンス。

　若くて経験の浅い人のなかに，びっくりするくらい対人援助の視点を
もったセンスのよい発言をする方に出会うことがあります。それが新し
く採用された人であったりするんですね。ご本人は，素直に自分の意見
を口にしている感じです。
　こうしたセンスをもった人を組織として大事に育てていかなくてはい
けません。上司や先輩にとっては，ケースカンファレンスの場は，光る
センスの原石の発掘現場でもあるんですね。

Point 22　全員が発言できるように配慮する

司	事	参	助
○			

　会議形式の話し合いでは，発言する人が固定化してしまう場合が少なくない。そうなると，特定の方向性をもった意見に片寄ったり，議論の内容が硬直化したり，カンファレンスのもつ特長である新しい発想や展開ができなくなる。その傾向は，ディスカッションへの参加者数が多くなればなるほど強くなる。また，経験年数や職場での地位が自由な発言を制限してしまう場合もある。

　したがって司会者は，こうした点から発言が特定の人ばかりに片寄らないように，配慮する必要がある。発言のない人を単に指名してまんべんなく意見を求めるだけでなく，発言したそうな表情・態度を見せた人や，議論の文脈に何らかの関係がありそうな人に発言をうながすなどの工夫が求められる。

Summary and Advice

- 複数の機関から参加者が集まっている場合などは，自己紹介や所属機関の紹介をしてもらうなど，各参加者がまずひとこと発言する機会をつくることは次の発言を引き出すのに有効である。
- まだ発言がないという理由だけで，特定の人を指名することは極力避ける。また，発言がないことが「悪いこと」という雰囲気にならないように配慮する。
- 司会者は，他者の発言ややりとりを聞いている参加者の表情や態度を観察しておき，特定の参加者に発言をうながすタイミングを見計らう。

Demonstration

　　司会者：今のご意見に対していかがでしょうか。まだご発言いただいていない方にもお願いしようと思いますが…。えーと，若林さん，いま少し首をかしげておられたように見えましたが，いかがでしょうか。

Point 23　少数意見も大切にする規範をつくる

司	事	参	助
○			△

　少数意見でも大切にされるディスカッションは，対人援助の事例研究の基本要素である。少数意見であっても，事例の理解を深めたり，援助の方向性を見出すための重要なヒントとなることも少なくない。そうした意見をきちんと拾い上げる雰囲気がケースカンファレンスには求められる。これもケースカンファレンスの規範のひとつである。

　また，議論の流れのなかで，ある特定の方向に意見が集約されていく時がある。それが十分な議論を経て，参加者の合意と納得を得たうえでのことであればよいが，特定の人物の強い意見に全体が流されたり，安直な経緯でそうした流れになったときなど，少数意見を大切にすることは，新しい方向に議論を展開させる可能性をもつ。

Summary and Advice

○誰もが発言しやすい雰囲気づくりが基本条件となるが，司会者（助言者）は参加者個々の表情や態度にも目を配る。

○司会者（助言者）は，特定の方向に意見が集中した時には，必要に応じて別の角度や視点からの意見を参加者に求める。

○議論の主流となっている見方とは異なる意見が出たときには，司会者（助言者）はその発言を傾聴するようにし，その内容に応じて意味あるものとして位置づける。

Stage 5

Demonstration

　司会者：これからディスカッションの時間に移りたいと思いますが，少数意見やそれまでとは違う意見であっても全体としてきっちり受けとめてきたいと思いますので積極的にご発言ください。
　（中略）

司会者：この方向でのご意見がかなり多くなってきましたが，別の方向や観点からのご意見もいただければと思いますが，いかがでしょうか。

わんぽいんと・めっせーじ 12

助言者も真剣勝負なんです。

　これまでいろいろな事例研究会に助言者（スーパーバイザー）として参加させていただきました。本文でも書いたとおり，対人援助の事例研究では事前に「答え」があるわけではないんですね。ですから，決められた時間内に何らかの意味ある方向性を導き出さなくてはいけません。助言者はその責任を担うわけですから，大変な仕事です。事例の内容はもちろんですが，全体の雰囲気や流れ，事例提供者や参加者の発言の意図や感情なども敏感に受けとめる必要があります。当然，緊張もしますし，集中力を維持し続けておかなければ務まりません。
　助言者も真剣勝負なんです。

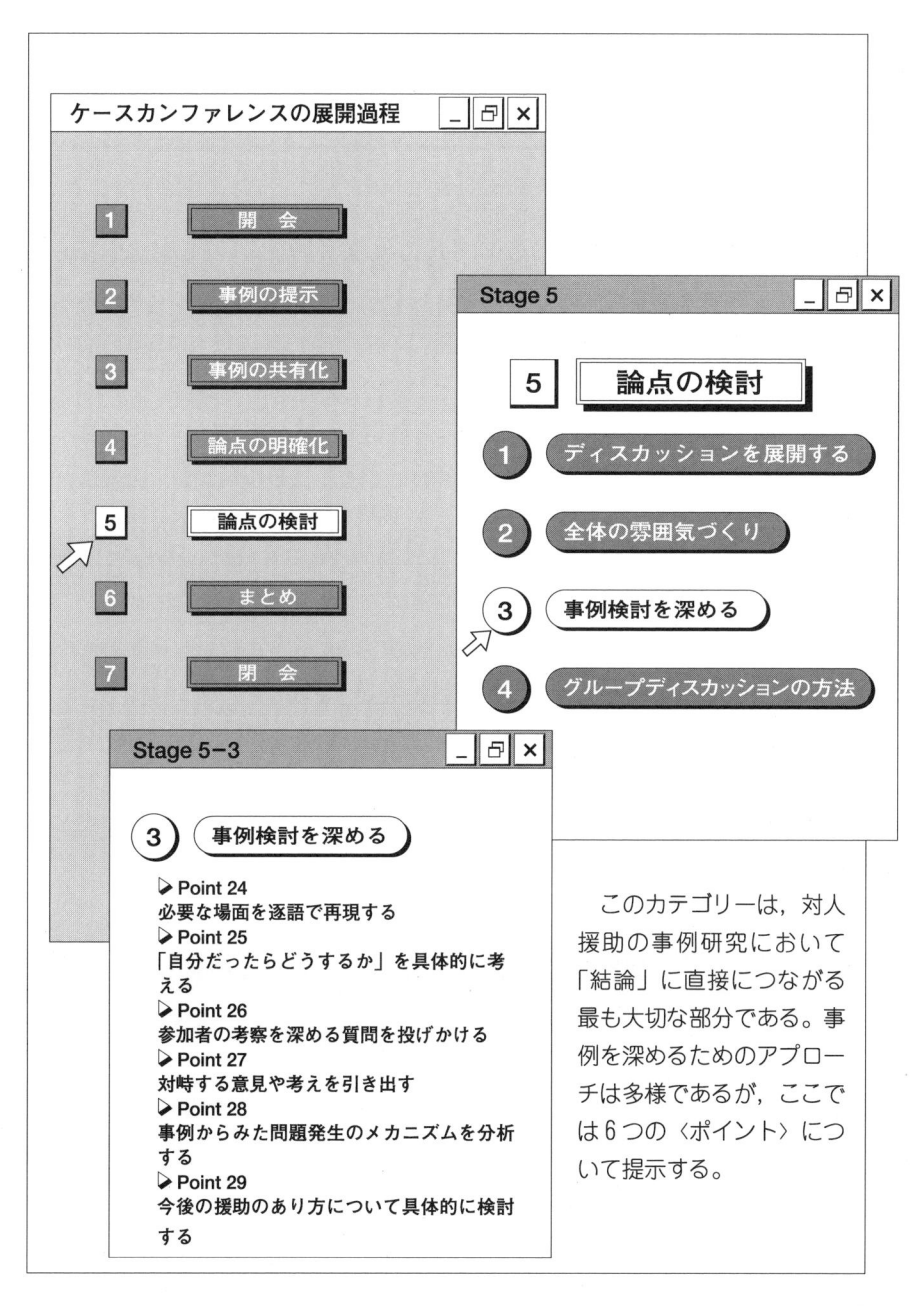

第3章 事例研究の方法としてのケースカンファレンス

ケースカンファレンスの展開過程

1. 開会
2. 事例の提示
3. 事例の共有化
4. 論点の明確化
5. 論点の検討
6. まとめ
7. 閉会

Stage 5

5　論点の検討

1. ディスカッションを展開する
2. 全体の雰囲気づくり
3. 事例検討を深める
4. グループディスカッションの方法

Stage 5-3

3　事例検討を深める

▷ Point 24
必要な場面を逐語で再現する
▷ Point 25
「自分だったらどうするか」を具体的に考える
▷ Point 26
参加者の考察を深める質問を投げかける
▷ Point 27
対峙する意見や考えを引き出す
▷ Point 28
事例からみた問題発生のメカニズムを分析する
▷ Point 29
今後の援助のあり方について具体的に検討する

このカテゴリーは，対人援助の事例研究において「結論」に直接につながる最も大切な部分である。事例を深めるためのアプローチは多様であるが，ここでは6つの〈ポイント〉について提示する。

Point 24　必要な場面を逐語で再現する

司	事	参	助
	○		

　援助の実際の中身を必要に応じて具体的に再現することは，援助内容の実際を知ったり，事例の理解を深めたり，さらには今後の援助の方向性を導き出すための重要な機会となる。援助者と事例の本人との具体的なやりとりのなかに，問題解決のヒントがあることも多い。ケースカンファレンスでの議論の流れのなかで，再現すべき必要な場面がみえてくることが理想的である。

　ケースカンファレンスでは，参加者からの要請に対して，事例提供者等が特定の場面のやりとりについて逐語で具体的に答える。その回答は，正確に再現することは容易ではないが，思い出せる範囲の表現で十分に意味を持つ。

Summary and Advice

- 事例の理解のために必要な場面をとりあげ，そこでの具体的なやりとりや本人の表情などを事例提供者から情報を提供してもらう。
- その際，事例提供者は思い出せる範囲で正確に情報を提供する。
- 配付資料（経過記録）に事例本人の言葉は記載されていても，たとえばその言い方やニュアンス，あるいはその場にいた事例提供者が受けた印象等が事例を理解するうえで大きな意味をもつ場合がある。

Demonstration

司会者：この事例について，もう少し突っ込んでお聞きになりたいところはありますか。

参加者：もし可能であれば教えてほしいのですが，Yさんに対してパンツを履きましょうかと働きかけた時の場面ですが，その時のやりとりについてもう少し詳しくお願いできますか。

浦林：そうですねえ，いろいろな場合があるんですが…。たとえば，「パンツを履かないと冷えますよ」と声をかけると，「いや，便所まで間に合わ

第3章　事例研究の方法としてのケースカンファレンス

ないので，履かないほうがいいんです」とか，そういえば「恥ずかしいことやと思いませんか，パンツが濡れるというのは」と言われたこともありました。その時は，私も返答に困ってしまい，「そんなことないですよ」とは答えたと思いますが…。それと，一度だけ「もういいですわ。どうでも」とおっしゃったこともあります。それは印象的でしたね。

わんぽいんと・めっせーじ 13

それっぽい言葉に流されないで。

　事例の検討がいかにもそれっぽい言葉で結末を迎えることがあります。たとえば，「本人の自己決定を尊重していきましょう」とか「これからは関係機関が有機的な連携をもつことにしましょう」といった教科書でよく見かけるような表現です。
　でもよく考えてみると，これだけでは内実が伴っていないんですね。自己決定を尊重するということは個別の事例においてはどのようにすることなのか。また有機的な連携とは具体的に何を指すのか。これらを明確にするのが事例研究であるはずです。

Point 25 「自分だったらどうするか」を具体的に考える

司	事	参	助
		○	

　事例研究の場において，事例の内容や事例提供者らによる援助内容を客観的に捉えるという作業は不可欠な過程であるが，その一方，もしこの事例の援助者であれば「自分だったらどうするか」を具体的に考察することも大きな意味をもつ。参加者自身が「自分だったら」という視点から考察することによって，検討事例について新しい角度からの考察や発見をもたらし，さらに参加者自身の実践の振り返りとその評価をもたらすことにもなる。

　事例の〈ストーリー〉のなかに入り込み，そこで援助者として「自分だったらどうするか」を考えることによって，事例提供者への感情移入も同時に促すことになる。

Summary and Advice

- 自分がこの事例の担当ワーカーであればどのようにかかわるか（かかわっていたか）という観点から考察する機会を設ける。
- 事例に向き合ってきた事例提供者の立場や思いを理解する機会とする。もし援助者であったならばという観点から意見を出し合うことで，今後のかかわり方の検討を深める。

Demonstration

司会者：皆さんがもし浦林さんの立場であれば，これまでお話いただいたような「お願いする仕事は何もありません」と言われた場合や，パンツへの対応場面でどのようにしておられたでしょうか。

参加者A：そうですねえ。私でしたら，もっとイライラして対応していたでしょうね。パンツを履いてもらわなきゃ不潔です，とか言っていたかもしれません。その点，浦林さんは我慢強いですよ。

参加者B：私は，もう少しYさんの内面を知ろうとする働きかけをしていたと思

います。なぜなら，そうした場面は介入の大きなチャンスだったと思うからです。ひょっとしたら本人にも明確になっていない「何か」に気づいてほしかったのかもしれません。

司会者：なるほど…。これまた貴重なご意見をいただいたように思います。

わんぽいんと・めっせーじ　14

とりあえず，やってみませんか。

　本書を読まれた方のなかには，事例研究とはとてもたいそうなもので，そのための準備も大変で，司会者の役割も重いものだと感じられた人もあるかもしれません。

　けれども，事例研究の大事なポイントを押さえることさえできれば，とりあえずやってみることが大切です。走りながらいいものを作っていくということです。事例研究は積み重ねがとても大事です。

　最初から，「いい事例研究を」と考えてしまうと，担当者や事例提供者も構えてしまいますし，活発で意味ある議論ができなくなってしまいます。

　とりあえず，やってみませんか。

Point 26 参加者の考察を深める質問を投げかける

司	事	参	助
△			○

　ケースカンファレンスにおいて事例の考察を深めるためには，時機を得た「質問」が求められる。その質問が，議論を進めるなかで参加者から自然と出てくればベストであるが，ここでは助言者もしくは司会者に期待される役割が大きい。

　事例に対する深い洞察と議論の流れを読むことで，参加者の気づきを促したり，事例への考察を深めるきっかけとなる質の高い質問が可能になる。

Summary and Advice

- 提示された論点に沿いながら議論を深めるなかで，タイムリーな「質問」を参加者に投げかける。
- その「質問」の内容は，事例を深く理解をするための本質的な内容や事例へのかかわり方を導くためのポイントとなる内容を含む。
- 場合によっては，「質問」を投げかけた後，各自が自分の考えを言語化したり，整理する時間をしばらくとるのも有効である。

Demonstration

　　司会者：このあたりで棚橋先生のほうから，事例の理解をさらに深めるための質問などがありましたらお願いできませんか。
　　助言者：はい。かなり議論が深まってきたように思います。ここで，みなさんに考えてほしいテーマがあります。それは，Yさんの「本当のニーズ」とは何か，ということです。
　　　　　当然ながら，これは，これからの援助の視点となるものです。この内容は，ご本人は当然整理できておらず，意識化さえしていないかもしれません。これまで議論となった息子さんのこと，パンツのこと，今の生活のこと，そしてこれまでの人生のこと，こうしたYさんの〈ストーリー〉に入ることでみえてくるものです。

第3章　事例研究の方法としてのケースカンファレンス

Point 27　対峙する意見や考えを引き出す

司	事	参	助
△			○

　本来，ディスカッションとはきわめて創造的な活動である。それは，ディスカッションの構成要素であるコミュニケーションやグループダイナミックスといった働きが本質的に創造性を内包するものだからである。健全な意見のぶつかり合いや擦り合わせは，新しい発見や気づきをもたらす。

　ケースカンファレンスにおいても，さまざまな角度から意見交換を重ね，対峙する意見や考えを引き出したうえで，それだけで終わらせるのではなく，そこから事例の捉え方やかかわり方といった考察内容のずれや相違点を議論の対象とすることでさらに事例を深めることができる。

　この〈ポイント〉においては，司会者及び助言者に慎重な対応が求められる。まずひとつは，その対峙する意見や考えを引き出して議論する点は，事例の本質に関わる点であること，そしてもうひとつは結論を得ることよりも，そこに行き着くまでの過程を重視することである。このプロセスこそが事例を深める作業となる。

　当然ながら，参加者が感情的に対立し，険悪な雰囲気になってしまってはケースカンファレンス全体の雰囲気が壊れてしまう。こうした点にも十分な配慮が求められよう。

Stage 5

Summary and Advice

- 議論を進めるなかで，事例の理解や今後の援助の方向性等について対峙した意見が表面化した際，その見解や意見の相違はどこからくるのかに議論の焦点を当てる。
- どちらの見解や意見が正しいかという議論ではなく，あくまでその相違がどこからくるものなのかに焦点を当てることが大切である。
- 単なる感情論に陥ったり，どちらが正しいかの勝負事にならないように十分に配慮する。

Demonstration

司会者：パンツの対処については，かなり幅広いご意見が出たように思います。
助言者：そうですね。この点についてはもう一歩深める価値があると思います。これまでの意見は，概ねパンツは履かせるべきか，無理に履かせない方がいいのかということに集約できそうですね。これを議論することは，それぞれの意見の裏にある理由や，Yさんがパンツを履かない意味についてもさらに深く検討することになります。いかがでしょうか。

第3章 事例研究の方法としてのケースカンファレンス

Point 28　事例からみた問題発生のメカニズムを分析する

|司|事|参|助|
|○|○|○|○|

　事例からみた問題発生のメカニズムを分析することは，直接的に「援助を深める」ことにつながる。これは目で見える言動を引き起こすその背景を分析することである。通常，問題発生の要因は複数あり，また因果関係も含めたその構造はきわめて複雑である。

　このメカニズムを分析するためには，事例の「外」からの考察だけでは不十分で，「内」からの分析，つまり，事例の〈ストーリー〉に入らない限り見えてこないものである。また，ケースカンファレンスにおいては，いきなり問題発生のメカニズムの分析に向かうことは無理であり，ここに至るまでのプロセスを十分にふむことが求められる。

　そして事例の側からみた問題発生のメカニズムを分析することは，これからの援助方法と内容を導き出す出発点となる。

Summary and Advice

Stage 5

☐これまでの議論内容を総合的にとらえ，問題発生のメカニズムを分析する。
☐この「問題」をどのようにしたら軽減できるかという視点ではなく，本人の側からこの「問題」を捉えた時，その「問題」がどのような意味やメッセージをもつのかに焦点を当てる。
☐このメカニズムの明確化が援助の方向性や事例への具体的なかかわり方を導き出すことに直結することを意識する。

Demonstration

　司会者：かなり問題の核心に迫ってきたと思えるのですが，このあとの議論について，棚橋先生，少し助けてもらえますか。
　助言者：パンツのこと，息子さんのこと，生きる意欲といったものが伝わってこないこと，各サービスで見せる表情が違うこと。これらのいくつかの特

徴的な事象が議論にあがりました。そこでなのですが，Yさんを理解するためには，これらの事象一つひとつが独立しているのではなく，それぞれに相互関係があるのではないか。あるいは，これらの事象をつなぐ何らのキーワードがあるのではないか。そうした視点から，Yさんを一人の「全体的な存在」としてもう一度検討してみてはどうでしょう。

司会者：先生の方から検討すべき点を提示してもらいました。なるほど，そうですよねえ。この点について考察を深めたいと思います。

助言者：そして検討していただく際には，是非ともYさんの立場や視点や人生の側から考察してください。

松本：今回事例を提出させていただきましたが，これまで議論してきたことと各事象とがきわめて密接に関係していることに気づきました。うまく表現できるかどうかわかりませんが，子育て，息子さんの自殺，離婚などを含めたこれまでの人生についてYさん自身が整理できていないのではないかと感じました。「整理」という言葉がぴったりかどうかは分からないのですが…。

　だから，より清潔にとか，より楽しくと言われても，そんなことはご本人にしてみたらある意味ではどうでもいいことなのかも知れませんね。これまでの働きかけは，ピントはずれの部分もあったかもしれません。

司会者：なるほど。実際にかかわってこられた松本さんだからこそ，そうした点がより鮮明に見えてきたのかもしれませんね。

第3章　事例研究の方法としてのケースカンファレンス

Point 29　今後の援助のあり方について具体的に検討する　司○ 事○ 参○ 助○

　これまで提示してきた〈ポイント〉を経て，また事例を深めるというプロセスを経て，「論点の検討」の最終段階は，今後の援助の方向性について具体的に検討することである。それは，事例を深める，そして事例の側から「問題」のメカニズムを理解するという共同作業がきっちりとなされれば，今後の具体的方向性が自然に見えてくるはずである。

　事例を深めることをせずに，いきなり今後どのように事例にかかわるかを議論するということがケースカンファレンスではよくみられる。そうした場合，いくら議論したとしても今後の援助の方向性を定めることが難しいだけでなく，事例から離れてしまったところで議論される危険性もある。

　実際に事例にかかわるのは事例提供者であるから，事例提供者の意向も十分に汲みながら議論しなければならない。さらに，これから全員で事例提供者たちをサポートしていくということを伝えることも「おみやげ」のひとつとなる。

Stage 5

Summary and Advice

- 〈ポイント28〉の内容をふまえて，今後の援助のあり方を具体的に提案し合い，検討する。
- ここでの議論内容は，事例研究における「結論」に相当するが，〈ポイント17〉で示したように，その「結論」には事例や提供される情報の内容によって幅があることを認識することが大切である。
- 検討内容は，具体的で実行可能なものであるべきである。また，その実際の担い手は事例提供者や参加者であるので，実行可能性についてはその点からの配慮も求められる。

Demonstration

　司会者：それでは，残り時間が少なくなってきましたので，今後の具体的な援

助の方向性についてご議論いただければと思います。すでに，これまでの議論のなかで明らかになってきている面もあるのではないかと思います。松本さんと浦林さんのご意見も大切にしながら検討してください。

参加者Ａ：やはり，じっくりとＹさんと向かい合って，これまでの人生と今の現実をしっかりと受けとめる作業が何よりも大切だと思いますね。ヘルパーさんとの信頼関係は強くなってきているように思いますし。

参加者Ｂ：その際に，関係機関が連携し，情報交換しながら取り組むことが必要だと思います。Ｙさんは，いろいろな表情をお見せになりますから，ケースカンファレンスまでとはいかなくても，常に変わりゆくＹさんに波長を合わせるという共同作業が求められると思います。

松本：定期的にＹさんについて情報交換をさせていただく場があれば助かります。

参加者Ｃ：皆さんが，おっしゃったことが基本だと思います。そのうえで身体のケア面について，主治医の先生と相談する必要があると思います。失禁のことも少し気になりますので。

司会者：そうですね。ありがとうございます。細かいことでも結構ですので，他にいかがでしょう。

（以下，省略）

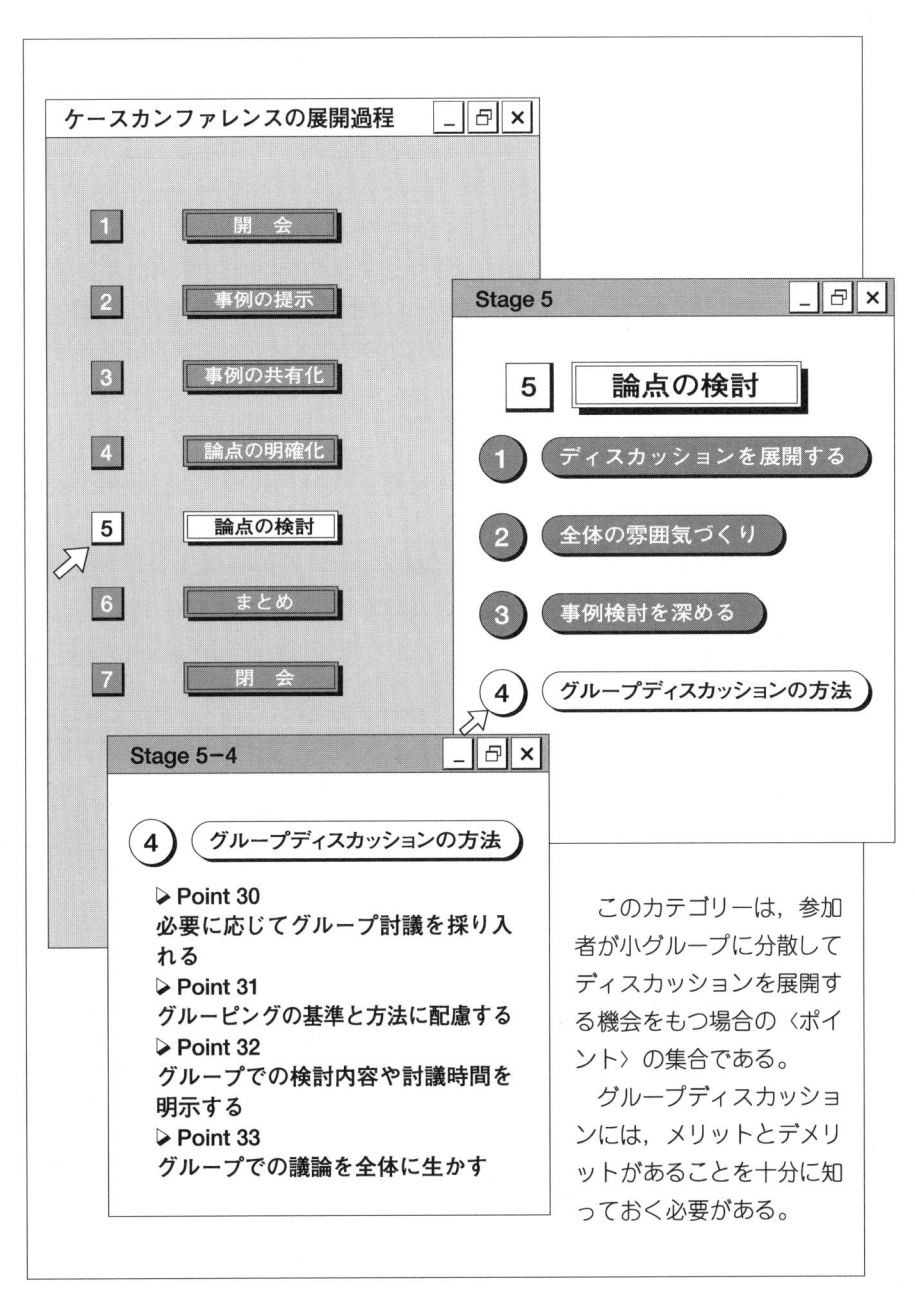

第3章 事例研究の方法としてのケースカンファレンス

ケースカンファレンスの展開過程

1. 開会
2. 事例の提示
3. 事例の共有化
4. 論点の明確化
5. 論点の検討
6. まとめ
7. 閉会

Stage 5　論点の検討

1. ディスカッションを展開する
2. 全体の雰囲気づくり
3. 事例検討を深める
4. グループディスカッションの方法

Stage 5-4

4. グループディスカッションの方法

▷ Point 30
必要に応じてグループ討議を採り入れる
▷ Point 31
グルーピングの基準と方法に配慮する
▷ Point 32
グループでの検討内容や討議時間を明示する
▷ Point 33
グループでの議論を全体に生かす

　このカテゴリーは，参加者が小グループに分散してディスカッションを展開する機会をもつ場合の〈ポイント〉の集合である。

　グループディスカッションには，メリットとデメリットがあることを十分に知っておく必要がある。

Point 30　必要に応じてグループ討議を採り入れる

司	事	参	助
○			

　ケースカンファレンスの理想の形は，参加者全員がお互いに顔の見える状態で，助言者も交えてディスカッションできる形態である。そのため，参加者数は15人前後が上限といえる。しかしながら，機関全体の研修会や現任訓練という位置づけで実施する場合など，実施体制の事情で大人数で実施せざるをえない場合も少なくない。そうした場合，自由に発言できる雰囲気とはなりにくく，特定の人だけが発言することになる傾向が強い。また，グループダイナミックスを活用しにくく，表情が見えないことによって事例提供者や参加者同士の感情の交流もできにくくなる。

　したがって，参加者が多い場合には，参加者を小グループに分けてグループごとに討議（ディスカッション）をする機会をつくることが次善の策となる。そのことによって，参加者自らが考え，発言するという主体的な参加の場を確保できる。

　なお，ケースカンファレンスにおいてグループディスカッションを導入するのは，大人数の場合だけではなく，絞られたテーマを2～3人のごく小人数で深く話し合う必要がある場合にも有効である。

　このグループディスカッション（バズセッション）を有効に導入するためには，時間配分，分散化のタイミング，グルーピング（グループ分け）の方法，論点の提示方法，まとめの方法等の配慮が求められる。グループディスカッションの導入にあたっては，むやみに採り入れるのではなく，状況や検討内容をトータルに判断する必要がある。また，グループでの議論を全体の場に活かすことの難しさがあることも認識しておく必要がある。

Summary and Advice

☐参加人数が多い場合など，必要に応じてグループ討議を採り入れる。ただし，事例の共有化までの段階は全体ですすめるほうが統一的に議論が深めやすい。

○主催者(事務局)としては,事例研究会(ケースカンファレンス)の持ち方について,研修会として位置づける場合など,さまざまなバリエーションが考えられる。しかしながら,どのようなバリエーションであっても,その基本となるのは1グループで実施するオーソドックスな事例研究会である。

Demonstration

司会者:それでは,これからグループに分かれて議論していただこうと思います。今日は,参加者がいつもより多いため,みなさんの発言の機会がどうしても少なくなります。そこで,小グループの方が活発に話し合いができるのではないかと考えました。

Point 31　グルーピングの基準と方法に配慮する

司	事	参	助
○			

　グループディスカッションを導入する際の大きなポイントとなるのが，グルーピング（グループ分け）の基準と方法である。つまり，小グループを編成する基準とその方法のことである。

　グループディスカッションのための小グループの編成は，グルーピングの基準をどこに置くかが問題となる。それは，事例研究会の開催主旨，これまでの事例研究会の開催回数，参加者の力量，参加者同士の関係，提出事例の特性，時間配分等を総合的に判断して決めることになる。その基本パターンは，次の4つである。

　①抽選等で無作為に編成する。
　②参加者の所属機関・職種，経験年数，性別等の特定要素をもとに均等に割り振る。
　③職種や経験年数ごとにまとめて編成する。
　④近くに座った人をひとつのグループとする。

　これらには，当然一長一短がある。①の抽選等で無作為に編成する場合には，メンバーに意図的でないという安心感をもたらすことができるが，結果的にグループに片寄りができる場合がある。その場合，特定のメンバーだけを後から入れ替えにくい。②の参加者の特定要素をもとに均等に割り振る場合には，均一の要素をもつグループができるが，あらかじめ準備しておくなどグルーピングに手間がかかる。また，参加者にグルーピングの基準を提示する必要もある。③の職種や経験年数ごとにまとめて編成する場合には，特化した内容について議論する場合はよいが，議論に幅ができないことがある。最後に，④の近くに座った人をひとつのグループとするというのは，時間がかからず，移動の手間もいらないという大きなメリットがあるが，元々顔見知りで日頃からよく話している人であることも多い。

　また，グルーピングの方法も多様である。一般的には，①参加者名簿にあら

かじめグループ番号を書き込んでおく，②受付で順に番号札を渡す，③本番中に挙手や簡単なゲーム等によりグループ分けをする，といった方法が考えられる。グルーピングの留意点として，参加者に「このグループはどのような基準で分けたのか」または「なぜ私がこのグループなのか」という不信感を抱かせないようにすることが大切である。この不信感がグループでのディスカッションに向かう気持ちを阻害することになる。

なお，1グループの人数は6人程度が理想で，8人を超えるとグループディスカッションの特性を生かした話し合いは難しくなる。全体のグループ数が多くなると後のグループ発表に時間がかかることも考慮に入れておかなければならない。また，当然ながら可動式の机が必要となる。

Summary and Advice

◻事例研究会や研修会の位置づけや形態に合わせて，本文中にあるような基準でグルーピングをする。
◻主催者（事務局）は，最初からグループごとの配置にしておいたほうがいいのか，途中で分けたほうがいいのかの展開を考えておく。
◻事例研究会（研修会）の時間は限られているので，グループ分けや移動に時間をとられないように配慮する。

Demonstration

司会者：それでは，グループに分かれていただこうと思います。お手元の名簿の右端の欄をご覧ください。このアルファベットがみなさんそれぞれのグループとなります。今回は，所属機関や経験年数が片寄らないように配慮して分けてあります。前のホワイトボードにグループの配置図をこれから書きますので，お互いに顔を見合わせて座れるように机を動かしてください。よろしくお願いします。

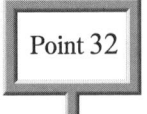

Point 32	グループでの検討内容や討議時間を明示する	司	事	参	助
		○			○

　グループに分かれた後（場合によってはその前），何について話し合いをするかという検討内容とその話し合いの時間の枠について示す。小グループという発言しやすい雰囲気に置かれると，議論が散漫になったり脱線しやすくなるので，それを防がなければならない。

　また，場合によっては，自己紹介の時間をとったり，話し合いの基本ルール（メンバー全員に発言の機会をもつこと等）を確認しておくことも大切である。

Summary and Advice

- グループ討議での論点を明確に示す。与えられた時間内に議論できる内容に絞る。多くの論点を提示すると消化不良に陥る可能性がある。
- グループ討議に使える時間を明確に示す。ただし，主催者（司会者等）は状況をみて若干の延長の可能性も考えておく。
- 必要に応じて，進行役，記録者，報告者などを決めておく。

Demonstration

司会者：グループでの話し合いに移る前に，議論のための論点を明らかにしておきたいと思います。棚橋先生，どうしましょうか。

助言者：そうですねえ。いろいろ論点はあるとは思いますが，グループでは「パンツを履かないことをどのように理解するか」という点に焦点を絞って話し合ってもらいましょう。この点を深めてもらうと，「Yさん」がみえてくるのではないかと思います。

司会者：分かりました。この論点について，議論をしてもらいたいと思います。いろいろな意見が出そうですね。それと，時間ですが，今3時を5分ほど回ったところです。目途としましたら，3時25分までの20分間をグループディスカッションに当てたいと思います。グループの全員が発言できるようにお互いに配慮していただけたらと思います。

Stage 5

第3章 事例研究の方法としてのケースカンファレンス

Point 33　グループでの議論を全体に生かす

司	事	参	助
○			△

　グループごとに議論し，それをまた全体の場に還元し，全体のケースカンファレンスでの議論に生かせるか。これがグループディスカッションの最も難しい点であり，最大のポイントである。この点が有効にできなければ，グループディスカッションの意義は半減する。

　通常は，グループでの議論内容をまとめてグループごとに発表する形をとることが多い。司会者は，事前にその予定があることを伝え，発表の準備を促しておかなければならない。また，残り時間が少なくなったら，そのことを全体に伝え，まとめの段階に入るように促す。

　発表については，グループ数が多い場合には全グループが発表すると多大な時間がかかるので，その場合には柔軟に対応することも必要である。たとえば，発表時間を削ってもグループの時間を増やしたほうが有意義であると判断した場合には，時間延長をしてもかまわない。司会者及び助言者は，各グループの話し合いの状況をみながら，ケースカンファレンス全体とグループディスカッションの流れをつくることが大切となる。

　グループの議論内容を発表することは，形としてはできてもそれをまとめて報告することはきわめて難しい作業であることを認識しておかなければならない。グループで「いい意見」が出てもそれを全体の場で報告されなければ，その時点でそれが埋没してしまうからである。また，グループごとの発表内容が発表者の意見に引っ張られてしまうこともある。

Summary and Advice

◯グループでの討議終了後その内容の結果をどのように全体に返すか（代表者が全体の場で報告する等）について，事前に伝えておくほうが心づもりもできるし，後の流れが円滑に進む。

◯終了の時間が近くなったら，残り時間を全体にアナウンスする。

○グループの場で報告する際，論点の内容に焦点を絞った報告をお願いすることで事例検討の中身を深めることができる。

Demonstration

（グループ討議前）
司会者：それと，グループの時間が終わりましたら，グループごとに話し合った内容を全体の場で発表してもらおうと思います。そのことを意識しておいてください。発表者や記録者を決めておいてもらったほうがいいかもしれません。

（途中）
司会者：残り時間が5分を切りました。議論の進み具合はいかがでしょうか。十分に議論してもらうには時間が足りないかもしれませんが，全体の時間のこともありますので，そろそろまとめに入ってください。

（終了後）
司会者：お疲れさまでした。それでは，グループごとに話し合った内容を披露してもらおうと思います。発表していただける方は決まっていますでしょうか。十分な時間ではありませんでしたので，「グループとしてこうまとまった」というのは無理かもしれません。「こんな意見がありました」という形でも結構です。印象的な意見やメンバーの賛同を得た意見を発表していただけたらと思います。

（グループの発表終了後）
司会者：どうもありがとうございました。貴重な意見が出されました。各グループに共通する内容もありました。それでは，これらをふまえながら全体の議論に移っていきたいと思います。

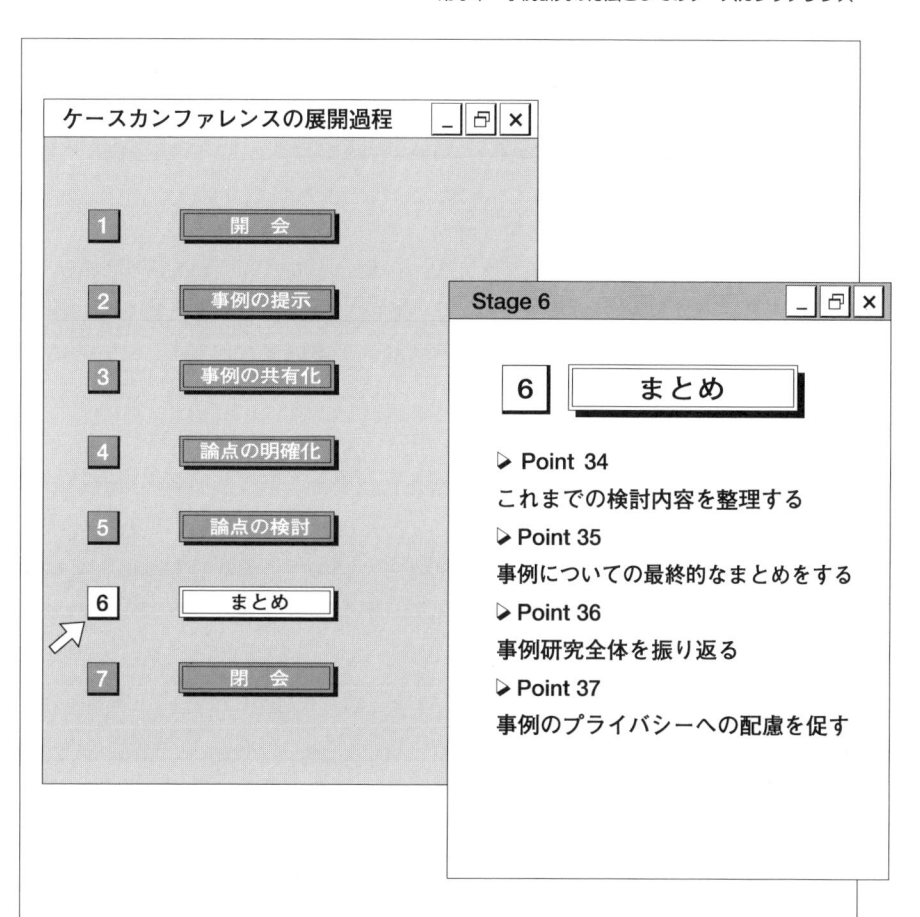

第3章 事例研究の方法としてのケースカンファレンス

ケースカンファレンスの展開過程

1. 開会
2. 事例の提示
3. 事例の共有化
4. 論点の明確化
5. 論点の検討
6. まとめ
7. 閉会

Stage 6

6 まとめ

▷ Point 34
これまでの検討内容を整理する
▷ Point 35
事例についての最終的なまとめをする
▷ Point 36
事例研究全体を振り返る
▷ Point 37
事例のプライバシーへの配慮を促す

Stage 6 が，事例検討の最後の段階となる「まとめ」である。これまでの検討内容を整理し，検討結果の「落としどころ」を決める段階である。ケースカンファレンスの集大成であるから，この段階によってケースカンファレンス全体の成否が決まることになる。

Point 34 これまでの検討内容を整理する

司	事	参	助
○			△

　まとめの段階は，これまでの振り返りの段階でもある。ケースカンファレンス全体の流れを全員で再確認したうえで，事例のどの点について議論したのか，論点はどのように推移してきたのか，また提示された論点のうち重点的に検討した内容はどれであったのか等について客観的に整理することが，まとめに向けた最初のステップとなる。

　この〈ポイント〉は，「論点の検討」から「まとめ」の段階へ移行させる転換点となるものである。特に，議論が白熱した場合など，参加者が冷静にこれまでのプロセスを振り返ることができるように促す必要がある。これまでの議論をもう一度参加者全員で簡単にたどることによって，有意義な事例研究ができた場合には，参加者も事例提供者も事例への深まりが進んだことに気づくことができる。

Summary and Advice
○最後のまとめの段階に入るにあたって，これまでの議論の経過を整理する。
○事例に対する認識やイメージがどのように変わったかについて整理する。
○論点の検討や結論を導く作業について，どのあたりまで議論できたのか，何が不十分であったのかについて簡単に示す。

Demonstration

　　司会者：それでは，そろそろ残り時間が少なくなってきました。このあたりで最後のまとめの段階に移りたいと思います。
　　　　　本日は，ホームヘルプセンターの松本さんのほうから「生活意欲の感じられない独居の高齢女性への援助」というテーマでYさんの事例を提出していただきました。質疑応答を含めた「事例の共有化」の段階を経て，3つの論点を提示していただきました。それは，Yさんの立場からYさ

ん自身が置かれている状況について理解を深めること，パンツを履かないことをどのように理解するかということ，そしてこれから関係者がどのように具体的に働きかけていけばよいのかについて，ということでした。これらのうち，Yさん自身の状況とパンツを履かないことについての議論にかなりの時間を割いたように思います。

今考えると，最初のYさんのイメージとこの作業をとおして伝わるYさんのイメージがずいぶん違うように感じます。皆さんは，いかがでしょうか。ただ，3つめの具体的なこれからの働きかけについては，十分に方向性がみえてきたわけではないので，棚橋先生に助けていただこうかと思います。

Point 35　事例についての最終的なまとめをする

司	事	参	助
			○

　ケースカンファレンスの最終のまとめである。対人援助の事例研究においては，事例提供者はもちろんのこと参加者全員が議論した内容をいかに日常の実践に生かすかが問われることになる。そうした意味で，この〈ポイント〉においては，客観的な立場にある助言者に期待される役割は大きい。

　参加者各々にとっての意味ある「落としどころ」を提示することになる。いくら内容のある話し合いができたとしても，それを消化しきれず，最後のまとめがそれぞれの実践につながらないまま宙に浮いてしまうと事例提供者や参加者への「おみやげ」は極端に少なくなってしまうだろう。

Summary and Advice

- 助言者（または助言者的な役割をもつ人）から，事例の見方，今後の援助の方向性，具体的なかかわり方，連携のとり方等について具体的に示す。
- 抽象的な内容ではなく，これから事例に対してどのようにかかわっていくかという具体的な内容に焦点を当てる。
- 助言者は，これまでの議論の経過を大切にして，その過程で出てきた意見を整理する作業を大切にする。
- 必要に応じて，また可能な範囲で助言者（または助言者的な役割をもつ人）のもつ知識や経験も加味してコメントする。
- 助言者から事例提供者にねぎらいの言葉をかけるとともに，カンファレンス全体にもプラスの評価をする。

Demonstration

　司会者：それでは，棚橋先生にまとめをお願いしたいと思います。
　助言者：はい，分かりました。非常に中身の濃い議論をしていただいたように思いますので，それらの議論をまとめる形で少しお時間をいただきます。

まず，Yさんの置かれている状況をいかに理解するかということです。端的に言うなら，「ご本人がこれまでの事実と今の現状とに正面から向き合えていない」ということだと思います。つまり，父親を早く亡くして苦労したこと，母親を長く看てきたこと，そして息子さんの自殺のこと。これらの事実について，まだ受け入れることができていないということです。これまでの自分をどのように評価したらいいのか，自分のなかでどのように整理し，納めたらいいのか。そこの部分が十分ではないんだと思います。それらの苦労や無念さもあると思うのですが，これらの思いについて，分かってくれる人もいなかった。話をじっくりと聞いてくれる人も周りにはいなかった。これまでの「人生」を受け入れない限り，前には進めないんですよね。「生活意欲がみられない」というのももっともだと思います。

そして，今の現状です。Yさん自身にしたら，これまで踏ん張って，踏ん張って歩いてきた人生だったのでしょう。きょうだいや母親，息子に対しては，いわば主体として「かかわる側」にある人でした。けれども，体が弱ってきて，排泄にも不自由が出てきました。その体の変化にご自身がついていけない。「支援が必要となった自分」を受け入れることができないんだと思います。それは価値観や人生観を含めたご本人なりのプライドといってもいいかもしれません。こうした考察が，Yさんを理解するためには欠かせないことだと思います。

ですから，ここに立脚して今後のアプローチを見出す必要があると思います。Yさん自身が自分の人生を受け入れることができるように援助することが何よりも優先されることです。パンツのことは，そうしたことのメッセージなんですね。「パンツを履か・ない」のではなく，「パンツを履け・ない」のですね。もちろん，ご本人がそれを認識しているとは思いません。失禁でパンツを濡らす自分が許せない，ということなんですね。援助する側が，パンツだけを視野に入れてパンツを履かせよう，パンツを履かせようとしても当然空振りに終わるでしょう。自分からパンツを履く気にならない限り無理でしょう。自分の過去を整理し，現実をきちんと見つめることができるように援助する必要があります。

当面，この援助をホームヘルパーさんやデイサービスのスタッフの方に担っていただくことになりますが，肝心なのは，Yさんを「そのままでいいんだ」と受け入れることです。援助とは，現実のなかで行われるこ

とですから，たとえ失禁をしても，それでも「人間としての価値が低くなるのではない」ということを態度で示していくことです。それが信頼関係を強くしていくことになります。
そうしながら，過去の話ができてたらそれを拾いながら徹底してその感情を受けとめていく。やがて，時がくれば自分からパンツを履かれる時がくるでしょう。パンツだけをみていては，本質に迫れないと思います。
あと，これからは援助者間の連携がもっと必要となりますね。各機関でＹさんの見せる表情がこれだけ違うわけですから，情報をとりまとめて検討する機会がどうしても必要となります。ミニケースカンファレンスみたいなものを定期的にもつ必要があるでしょう。
お聞きしていましたら，Ｙさんは支援されること自体を特段拒否されているわけではないようですね。デイサービスでの様子では，少しずつ様子は変わってきているようですし。信頼関係ができてくるのと比例する形でＹさんの心も開きつつあると思います。
　（以下，省略）

第3章 事例研究の方法としてのケースカンファレンス

Point 36　　事例研究全体を振り返る　　| 司 | 事 | 参 | 助 |
| --- | --- | --- | --- |
| ○ | ○ | ○ | ○ |

　事例提供者及び参加者全員が，事例研究全体を振り返ることもこの段階での重要な作業である。この振り返りは相互評価の意味合いをもつとともに，次の事例研究のエネルギー源となる。

　まず，ケースカンファレンスの主役の一人であった事例提供者に感想を述べてもらう。ケースカンファレンスを終えた率直な感想，提出事例の見方がどう変わったか，これからの援助活動への意気込み，事例提供者本人に与えた影響等といったコメントは，ケースカンファレンスそのものの評価となる。

　さらに，それを受けて参加者数人にケースカンファレンスを振り返っての感想を話してもらうことよって，ケースカンファレンスの意義を相互に確認し合えることになる。

Summary and Advice

□事例提供者から，今の率直な感想，このカンファレンスで収穫のあったこと，事例の見方で変わったこと，これからの援助内容，これからの期待や不安等について述べる。

□時間の許す範囲で，参加者や司会者からも感想を述べる機会をつくる。事例研究会の意義や方法，大切な視点等にもふれることができれば次につながる。

Demonstration

　司会者：残り時間がわずかになりました。そろそろこのケースカンファレンスを終えたいと思います。最後に，みなさんに今日の感想をおうかがいしようと思います。まず，事例を提出いただいた松本さん，いかがでしょうか。

　松本：今日は，どうもありがとうございました。事例をまとめること，事例を報告すること，そしてみなさんと一緒に検討させてもらうこと。そ

れぞれに大きな意義があったように思います。何よりも，Yさんを見る私の目が大きく変わったことが最大の収穫だったように思います。枝や葉っぱばかりをみて幹や根っこの存在をみてこなかったことを痛感しました。知らず知らずのうちに「Yさん自身」を見失っていました。これからの援助の方向性についても今後の参考にさせていただきます。これからはもっと連携が必要となると思いますから，みなさんといろいろと相談させていただきます。また，今後の経過については，機会をみて報告させていただきます。

司会者：ありがとうございました。プラスの評価をしていただけて私もうれしく思います。では，他の皆さんはいかがでしょうか。

参加者Ａ：はい。中身の濃いケースカンファレンスができたひとつの要因は，松本さんと浦林さんの報告がとてもよくまとまっていたからだと思いますね。全員で事例を共有化できたと思います。

参加者Ｂ：私も，いつか機会があれば事例を出してみたい，そんな気にさせられました。

司会者：いい雰囲気のなかでケースカンファレンスができたのは，みなさんの事例研究に対する理解があったからだと思います。

Point 37　事例のプライバシーへの配慮を促す

司	事	参	助
○			

　事例研究の最後は，事例のプライバシーの保護について厳重に注意を促すことである。これは，事務局（司会者）の責務である。

　ケースカンファレンスの参加者全員には，事例に関する報告やカンファレンスでの議論内容，用いた資料についての守秘義務が生じる。カンファレンスにおいて知り得た事例に関する情報について，その場以外で漏らさないということは事例に関わる専門職として当然のことである。しかし，この「当然のこと」という慣れがプライバシー保護の落とし穴となるので，司会者はそのことに注意を喚起しなければならない。

　事例研究においては，文字として残った書類の取り扱いに十分な配慮が求められる。場合によっては，事務局が配付資料のすべてを回収することを考える必要もあろう。個人を特定できる情報が伏せられていても個人のプライバシーであることには変わりない。

　また，本人から直接聞いた内容ではないのに，ケースカンファレンスで得た情報を実際の援助の場面で本人に投げかけることは，援助者との信頼関係を崩すことになりかねない。

Summary and Advice
- 事例に関する資料を回収するか，回収しない場合でもその管理をどのようにするのかについて，全体にアナウンスする。
- ここで知り得た情報を実際の援助場面でどのように取り扱うかについては慎重に対応する必要があることを伝える。

Demonstration

　司会者：これで事例研究を終えたいと思いますが，最後に皆さんにお願いがあります。それは，Yさんのプライバシーを厳重に守っていただきたいとい

うことです。特に，資料の取り扱いには十分ご注意ください。「当たり前」と思い込んでいることほど怖いものはありません。くれぐれもよろしくお願いします。

わんぽいんと・めっせーじ 15

　　　　　　　　　　　余韻。

　「これで事例研究会を終わります。お疲れさまでした。」この司会者による閉会の言葉があったその直後の事例提供者や参加者の様子にいつも注目しています。なぜなら，それらが事例研究を評価する大切な材料となるからです。
　余韻に浸るといえばややオーバーですが，しばらく席を立てずに放心状態にある人もいます。事例に深く入ると，そこから抜け出すのにしばらく時間がかかったり，自分が担当する事例と重ね合わせていたりしているのでしょう。また，事例提供者を取り囲んで，ねぎらいの言葉をかけている場面もみられます。
　後味の悪いものではなく，心地よい疲れや爽快感を感じる事例研究でありたいものです。

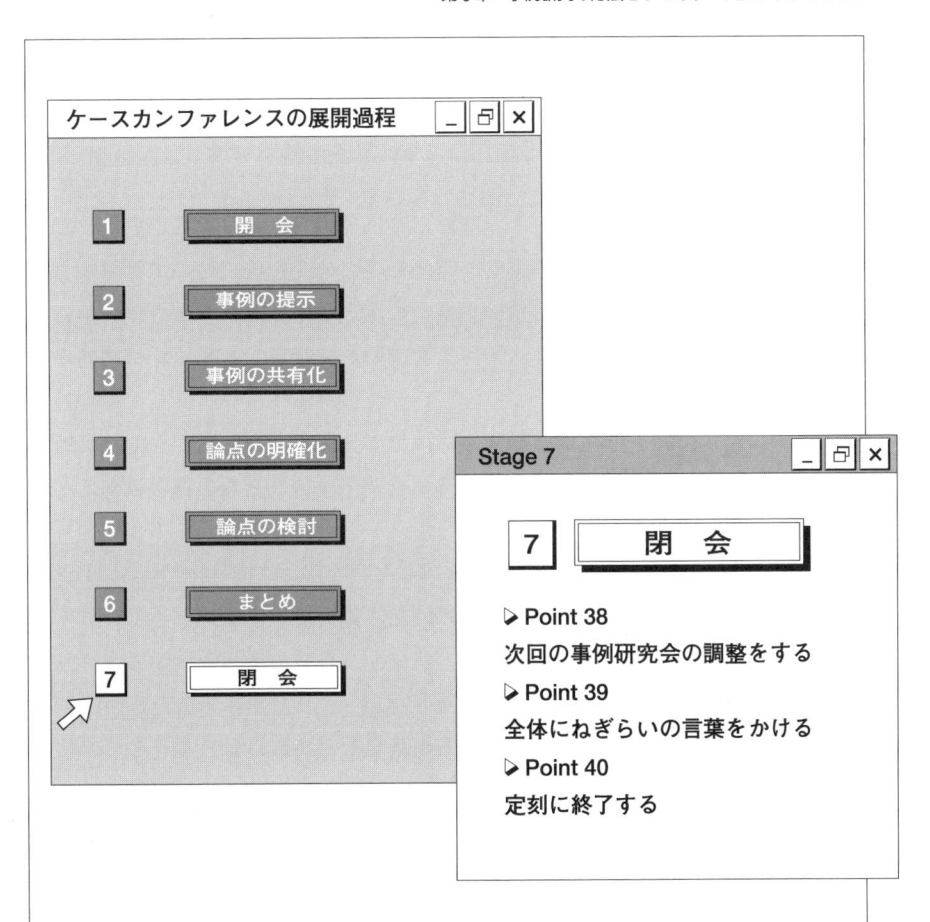

第3章 事例研究の方法としてのケースカンファレンス

ケースカンファレンスの展開過程

1. 開会
2. 事例の提示
3. 事例の共有化
4. 論点の明確化
5. 論点の検討
6. まとめ
7. 閉会

Stage 7　閉会

▷ Point 38
次回の事例研究会の調整をする
▷ Point 39
全体にねぎらいの言葉をかける
▷ Point 40
定刻に終了する

　Stage 7は，ケースカンファレンスを締めくくる「閉会」である。事例の内容そのものからは離れて，ケースカンファレンス自体を終結させる段階である。

Point 38	次回の事例研究会の調整をする	司	事	参	助
		○			

　定期的にケースカンファレンスを開催している場合には，次回の開催に関する調整を行う。開催日時，開催場所，事例提供者の決定等について調整する。ケースカンファレンスの場で，事例提供者の決定や確認を行うことは，事例提供予定者のみならず参加者全員にとって次回のケースカンファレンスに向けた準備段階となる。

　また，これまでにとりあげた事例のその後の変化や，事例研究を離れて機関相互の連絡事項等について発言できる時間を確保することも有意義である。

Summary and Advice
○次回の事例研究会の開催について具体的な情報を提供する。
○次回の事例提供者を確認し，事務局としても当日までサポートするつもりであることを伝える。
○その他，事例研究会に関係することで連絡事項があれば付け加える。

Demonstration

司会者：それでは，次回のケースカンファレンスの予定について相談させていただこうと思います。年間予定では，次回は2か月後の11月5日金曜日の2時からということになっていますが，よろしいでしょうか。そして事例提供者は，デイサービスセンターの河野さんとなっています。

河野：はい。そのつもりで，事例を選考しています。事例をまとめるのが大変そうですが…。また相談させてください。

司会者：はい。よろしくお願いします。もちろん，河野さんの事例以外に緊急の事例があれば研究対象としたいと思いますのでいつでも私のほうまで連絡ください。えーと，それと前回の8月6日に若林さんから出してもらったSさんの事例ですが，その変化が少しあったということですので簡単に報告してもらえますか。

Point 39　全体にねぎらいの言葉をかける

司	事	参	助
○			

最後の締めくくりとして，全体にねぎらいの言葉をかける。とりわけ，事例提供者に対して全体の場でねぎらいの言葉をかけることによって，よい雰囲気で終えることができる。

Summary and Advice
- 最後に全体にねぎらいの言葉をかけ，よい雰囲気で終われるようにする。
- 事例提供者を大切にし，ねぎらうことで，次回の事例研究会につなげることができる。

Demonstration

　司会者：本日は，それぞれお忙しいところ事例研究会に出席していただきありがとうございました。今日は，事例をかなり深く掘り下げたので，みなさんお疲れになったのではないかと思います。
　　　　　事例を提出していただいた松本さん，浦林さんも本当にご苦労様でした。棚橋先生もお忙しいところありがとうございました。

Point 40 定刻に終了する

司	事	参	助
○			

原則として，ケースカンファレンスは，定刻に開始し，定刻に終えることが望ましい。とりわけ，定期的に開催している事例研究会においては時間にルーズになると，次回にも悪影響を及ぼす。終了時刻がズルズルと遅れると，次の予定がある人はそわそわし始めるし，全体の集中力も高まらず，結論に至りにくくなる。

なお，閉会後に事例提供者等，個人的にフォローアップが必要な人については，個別に接触することも事務局の大切な仕事である。

Summary and Advice

○できる限り，定刻に終了する。しかしながら，議論の展開によっては結果的に若干延長せざるを得ない場合もあるので，柔軟に対応する。ただし，その場合であっても次に予定がある人には十分な配慮が必要となる。延長したせいで，途中で抜ける人が出てくる状況は好ましくない。

○終了後，フォローアップの意味で，必要に応じて司会者（事務局）から事例提供者に個別に声をかける機会をつくる。

○場合によっては，直接検討事例にかかわっている人たちが今後の打ち合わせをする機会を短時間でもつことができれば有効であることが多い。

Demonstration

司会者：以上をもちまして，今日の事例研究会を終わりにしたいと思います。少し時間がオーバーしましたが，みなさんのご協力で有意義な時間となりました。ありがとうございました。

第4章

事例研究のための事例のまとめ方

　本章では，対人援助の事例研究のための「事例のまとめ方」に焦点を当てる。ケースカンファレンスに提出される事例は，事例研究の構成要素のひとつであり，事例研究の内容を左右するきわめて重要な要素である。
　事例研究用の「事例のまとめ」は，日常のケース記録を基礎資料とし，一定のルールに基づいた内容やまとめ方が求められる。よって，質の高い事例のまとめをケースカンファレンスに提示するためには，事例研究用の事例のまとめ方を学ぶ必要がある。
　まず「事例のまとめ」の構成要素を提示したうえで，それぞれの事例のまとめ方について解説する。

第1節 事例研究のための「事例のまとめ」の全体像

1. 事例研究のための「事例のまとめ」の構成要素

　ケースカンファレンスに提出されて研究対象となる「事例」は，事例を提供する事例提供者とともに事例研究を構成するきわめて重要な要素のひとつである。提出される事例のまとめ方とそのプレゼンテーション（発表）のあり方は，事例に対する適切な援助内容を導き出せるかどうか，また事例提供者や参加者の力量の向上に寄与できるかどうかに直結するものである。したがって，事例提供者はケースカンファレンス本番での事例の報告を具体的にイメージしながら，「事例のまとめ」を作成することが大切である。

　対人援助の事例研究に提出される「事例のまとめ」は，事例の変化や援助経過を単に書き記せばよいのではなく，事例の客観的変化，援助者としての働きかけ及び考察等が書き手の考察過程を経たうえで提供されなければならない。したがって，事例提供者による「事例をまとめる」という作業は，自分の実践を振り返り，さらに事例を深める作業でもある。事例をまとめる際に，事例提供者が自分の担当する事例について新たな気づきを得ることも少なくない。

　「事例のまとめ」は事例や援助機関の特性に合わせて，基本的には柔軟に対

図4-1　「事例のまとめ」の3つの構成要素

Ⅰ　事例研究用フェイスシート

Ⅱ　経　過　記　録
　①援助対象の客観的変化
　②援助者の働きかけ
　③分析・考察・所感

Ⅲ　全体の所感・論点・展望

応すべきである。しかしながら，事例研究用の「事例のまとめ」を作成するにあたって，押さえておかなければならない事項がある。

図4-1では，対人援助の事例研究用の「事例のまとめ」の構成要素を示した。「事例のまとめ」は，事例研究用フェイスシート，経過記録，全体の所感・論点・展望という3つの要素（3点セット）から構成される。さらに，その大部分を占める経過記録は，①援助対象の客観的変化，②援助者の働きかけ，③分析・考察・所感，の3つの内容をもつ。細かいことであるが，3点セット全体に通しでページ数を打つことも大切である。カンファレンス本番で場面（ページ）を指定しての質疑応答や議論が円滑になる。

緊急の事例研究の場合には，簡単な事例研究用フェイスシートと，担当者としての全体の所感・論点・展望だけを提出するなど，ケースバイケースで柔軟に対応することになる。

2.「事例のまとめ」の5つの焦点

「事例のまとめ」の3つの構成要素それぞれの特質を整理しやすくするために，その概念枠組みとして，「事例のまとめ」の5つの焦点を表4-1で示した。

この表は，「時間」と「内容」の要素をそれぞれ横軸と縦軸にとって示したものである。これは「事例のまとめ」において，客観的事実と主観的考察をきっちりと意識的に区別して記述することが重要であることを示している。「事例のまとめ」の内容は「事実」と「考察」の2つに分けることができ，さらにそれは時間軸によって3つに分けることができる。なお，表中の「事実」と「現在→将来」がクロスする欄は存在しないので，斜線となっている。

それでは，表中の❶～❺の内容のポイントについてここで簡単にまとめておこう。

表4-1　「事例のまとめ」の5つの焦点

内容　　　　時間	過去→現在	特定の時点（現在）	現在→将来
事実（客観的内容）	❶	❷	
考察（主観的内容）	❸	❹	❺

表の上段は「事例のまとめ」の「事実（客観的内容）」である。事例の報告においては，その対象の事実関係が明らかにされなければならないのは当然のことである。この「事実（客観的内容）」には，表の❶と❷の内容が含まれる。
　まず❶の内容は，過去から現在へ至る事実であり，主として2つの内容を含む。ひとつは，時間の経過に伴う援助対象の客観的変化である。時間の経過とともに，援助対象であるクライエントもしくはクライエントシステムがどのように変化したかを客観的にまとめることである。これは「事例のまとめ」の経過記録の基軸となる事実の情報整理であり，事例を見極める力量と客観的な観察能力が求められる。もうひとつの内容は，クライエントシステムに対する援助者としての働きかけの内容である。援助者がクライエントシステムとの相互作用のなかで展開してきた援助内容を事例の動きに合わせて明らかにすることである。援助者は傍観者ではなく何らかの援助活動（介入）を行った主体者であるから，事例のまとめでは援助者の援助活動の内容を具体的に明示する必要がある。援助対象の客観的事実だけではなく，援助者による援助内容の客観的な事実も「事例のまとめ」においては欠かせない要素となる。
　次の❷の内容は，「特定の時点」での援助対象の置かれた状況の客観的記述である。「特定の時点」とは，援助が継続している事例をとりあげる場合には，通常ケースカンファレンスの開催日にできるだけ近い「現在」の時点での状況が示される。この❷の内容の要点を一覧にしてまとめたものが，「事例研究用フェイスシート」として提出される。
　もう一方の表の下段が「事例のまとめ」の「考察（主観的内容）」である。事例研究においては，援助対象及び援助内容の客観的な事実の明示だけでなく，そこに働きかけた援助者の分析や考察，所感も合わせて提供することが求められる。これによって検討事例が生き生きと力動的に参加者に提示されることになる。ただし，上段の「事実（客観的内容）」とは，できる限り明確に区別して提示されなければならない。
　❸の内容は，過去から現在までの援助者による援助の意図やその背景の考察である。これは時間の経過に伴う援助対象の客観的変化と援助者の援助内容に付随する形でまとめられる。援助者がなぜそのような働きかけをしたのか，あ

るいはどのような意図でそのような介入をしたのか，さらには援助を振り返っての自己評価も含まれる。すべての援助の場面において必要となるわけではないが，事例のポイントとなる箇所ではこの点が明らかにされると事例への考察が深まることになる。

❹の内容は，特定の時点（現在）における援助者の分析と考察である。本来，この部分は時間の経過のなかで「線」として捉える必要があるが，「事例研究用フェイスシート」では，現時点だけを取り出し，検討すべき点について援助者（事例提供者）の視点から簡潔に記述することも多い。

❺の内容は，援助者の視点からみた今後の展望に関するものである。ここでの内容は，今後の取り組みの方向性や展望あるいは事例研究の場でテーマにしてほしい内容等が含まれる。この内容によって，ケースカンファレンスの内容が方向づけされることになる。

以上，「事例のまとめ」のための5つの焦点について示した。先の「事例のまとめ」の3つの構成要素は，これらの❶から❺の要素が組み合わされて記述されることになる。

それでは，これらを「事例のまとめ」としてどのように具体的にとり入れていくかについて，事例のまとめ方Ⅰ～Ⅲとして解説しよう。

第2節

事例のまとめ方Ⅰ　－事例研究用フェイスシート

　事例のまとめ方Ⅰは，提出事例の概要を要領よくまとめた「事例研究用フェイスシート」と表現できるものであり，文字通り事例の「顔」に相当するもの

表4-2　「事例研究用フェイスシート」の焦点

内容＼時間	過去→現在	特定の時点（現在）	現在→将来
事実（客観的内容）	❶	❷	
考察（主観的内容）	❸	❹	❺

である。先に示した「5つの焦点」で説明するなら，表4-2で示したように❷の部分に該当する部分が中心となる。特定の時点か事例の提出時に最も近い時点での客観的な記述が中心となる。加えて，❶の部分に該当する「生活歴」の概要と❸の部分に該当する事例提供者（援助者）からみた論点もその要点を整理して盛り込まれることが多い。

1.「事例研究用フェイスシート」のあり方

　この事例研究用フェイスシートの目的は，提出事例の概要，つまり事例の全体像を明らかにすることにある。事例の発表を聞く側となるケースカンファレンスの参加者にとって，いきなり事例の内容や経過を聞かされてもすんなりと頭のなかには入らない。あらかじめ事例の全体像となる事例の「器」を参加者に準備してもらうことによって，スムーズな理解が可能になる。

　日常のケース記録と同様に，「事例研究用フェイスシート」においても事例の全体像を把握するのに不可欠な項目が記載された一定の様式が使われることが多い。こうしたフェイスシートは，必要となる内容を要領よく，漏らさず，また短時間に整理するためには有効であるが，いくつかの留意すべき点がある。

　そのひとつは，事例をある一定の枠に機械的にはめてしまうことによって見えなくなってしまう部分が生じる危険性である。項目があるから記入するというのでは本末転倒である。「この事例の客観的理解に必要な内容は何か」をまず事例提供者が検討することから始めなければならない。もうひとつの危険性は，事例の理解に特段必要のないものまで記載欄があるために機械的に書き込んでしまうことである。これはプライバシーの観点から配慮が求められ，事例の理解に必要のない内容はできる限り紙上には書かないことが求められる。氏名・生年月日・住所・病院や職場の固有名詞など事例を特定化できる情報の記載は必要最小限に押さえるべきである。

　事例提供者が特定のフォームに機械的に事項を書き込むのではなく，この事例を参加者に伝えるためには何の項目が必要かを考察するプロセス自体がきわめて重要となる。一定のフォームに事例を当てはめること自体が，事例本人の側に援助者が近づくのではなく，援助者サイドに事例を引き寄せ，援助者主導

第 4 章　事例研究のための事例のまとめ方

表 4-3　事例研究用フェイスシート

| 事例提供者： | （所属： | ） | 検討日： | 年　月　日 |

（事例タイトル）

表 4-4A 「事例研究用フェイスシート」の具体例

事例提供者：松本結実（所属：ホームヘルプサービスセンター）　　検討日：平成11年9月3日

（事例タイトル）生活意欲のない独居の高齢女性への援助

氏　名（年齢）	Yさん（79歳／明治・大正・昭和 9年生まれ）　（男・女）	住　所	大阪市〇〇区

ヘルパー派遣の主たる理由	平成7年9月頃よりリウマチが悪化し歩行困難になり、生活支援が必要となった。

派遣開始	平成10年1月22日	紹介経路	福祉事務所

家族構成

氏　名	続柄	年齢	備　考
（単身）			

（家系図）
離婚　　[本人]　　弟（高槻市）　妹（岡山市）
（22歳時自殺）

経済状況
① 年　金（厚生年金約15万円／月）
2．所　得（　　　）
3．生活保護（　　　）
4．仕送り（　　　）
5．その他（　　　）

住宅状況
1．一戸建て（　　　）
② 集合住宅（賃貸文化住宅）
3．高齢者用住宅（　　　）
4．その他（　　　）
a．持ち家　 ⓑ 賃　貸　S25年から住居

心身の状態
① 身体障害者手帳（1種4級）
2．療育手帳（　　　）
3．精神障害者保健福祉手帳（　　　）

（主な疾患）
○リウマチ
　昭和52年頃より発症
　平成3年頃からさらに悪化
（現在の治療状況）
○医師の訪診（1／週）

かかりつけ医　有（　　　）・無

特記事項：尿失禁が頻回にみられる。

日常生活及びコミュニケーションの状態

【ADL】
食事は、指に変形がみられるもののスプーンを工夫すれば自力で可能。排尿は、間に合わないのか失禁を繰り返す。室内は、何とかつたい歩き。トイレ以外は動かない。聴力・視力は異常なし。入浴は、デイサービスで週1回。衣服の着脱は、一部介助必要。パンツを履くように促しても着衣しない。

【コミュニケーション】
表情は乏しいが、会話は可能。短気な面があり、興奮すると言葉づかいが荒くなる。

【その他】
在宅時には、昼間はほとんどテレビを見ている。デイサービスでは、参加者と話をする場面はほとんどみられない。

生活歴
　大工であった父親は仕事中の事故のため、本人が幼少時に亡くなり経済的に苦しい家庭に育った。母親は常に病気がちで入退院を繰り返していたため、本人は15歳の頃から縫製工場で働いてきた。長女であったこともあり、きょうだいの生活から母親の看病までを担っていた。25歳の時に職場結婚をするが、長男出産後32歳の時に離婚。母親も離婚前に死去。その後、現在の地で長男を一人で育てる。しかし、その長男が22歳の時に自殺。その後、一人暮らしとなる。

表 4-4B 「事例研究用フェイスシート」の具体例

<table>
<tr><td rowspan="3">家族・親類</td><td>本人との関係</td><td colspan="2">備考(年齢・健康状態・職業等)</td><td colspan="2">支 援 内 容</td></tr>
<tr><td>(支援者なし)</td><td colspan="2"></td><td colspan="2"></td></tr>
<tr><td></td><td colspan="2"></td><td colspan="2"></td></tr>
<tr><td rowspan="17">支援体制</td><td rowspan="9">福祉サービス</td><td>サービス名</td><td>担当機関</td><td colspan="2">援助内容/援助開始時期/頻度等</td></tr>
<tr><td>ホームヘルプサービス</td><td>ホームヘルプサービスセンター</td><td colspan="2">週3回。1回2時間。掃除,洗濯,買い物。</td></tr>
<tr><td>ショートステイ</td><td>特別養護老人ホーム</td><td colspan="2">半年前に1週間利用。</td></tr>
<tr><td>デイサービス</td><td>老人福祉センター</td><td colspan="2">週1回。昼食,入浴,レクリエーション。</td></tr>
<tr><td>訪問指導</td><td>保健所</td><td colspan="2"></td></tr>
<tr><td>訪問看護</td><td>訪問看護ステーション</td><td colspan="2"></td></tr>
<tr><td>食事サービス</td><td>社会福祉協議会</td><td colspan="2">週3回。弁当配食。</td></tr>
<tr><td>日常生活用具</td><td>福祉事務所</td><td colspan="2">ベッド。</td></tr>
<tr><td>ボランティア</td><td>社会福祉協議会</td><td colspan="2">主に話し相手</td></tr>
<tr><td rowspan="3">地域</td><td>支援者</td><td>支 援 内 容</td><td>支援者</td><td>支 援 内 容</td></tr>
<tr><td>民生委員</td><td>見守り活動。行政との連携。</td><td></td><td></td></tr>
<tr><td>隣人</td><td>見守り活動。</td><td></td><td></td></tr>
</table>

	あさ	ひる	よる	備 考	不 定 期
月	ヘルパー				・訪問指導(保健所)
火		訪問看護	昼食(食事サービス)		・福祉事務所
水	デイサービス	デイサービス			・民生委員
木	ヘルパー				・ボランティア
金	ヘルパー				・隣人
土			昼食(食事サービス)		
日					

検討課題
1. 頻回な尿失禁への対応
2. 生活意欲をいかに引き出すか

の枠組みで検討してしまう要因となる。したがって，事例に合わせて項目を設定すべきであって，あらかじめ用意されたフェイスシートにこだわる必要は必ずしもない。基本的には表4-3のように，事例提供者，検討日，事例タイトルのみが記載されている白紙のシートからスタートさせ，当該の事例の報告にはどのような項目をどのように並べればよいかを考えながら埋めていくことが大切である。

表4-4ABでは，「事例研究用フェイスシート」のひとつのモデルとして，具体例を示した。これは第3章のケースカンファレンスの展開過程において提示したDemonstrationで用いた事例のフェイスシートでもある。

2.「事例研究用フェイスシート」の内容

「事例研究用フェイスシート」に記載される可能性の高い項目について，表4-4のフェイスシートをもとに表4-5で一覧にした。

表4-5 「事例研究用フェイスシート」の項目例

1	事例提供者名（所属）	13	住宅状況
2	検討日	14	心身の状態①（各種手帳）
3	事例タイトル	15	心身の状態②（疾病／かかりつけ医等）
4	氏名	16	日常生活（ADL等）
5	性別	17	コミュニケーション
6	年齢（生まれ年）	18	生活歴
7	住所	19	支援体制①（家族・親類）
8	援助の主たる理由	20	支援体制②（福祉サービス）
9	援助開始日	21	支援体制③（地域）
10	紹介経路	22	支援体制④（1週間の支援体制）
11	家族構成	23	検討課題
12	経済状況		

表4-6 ジェノグラムの基本ルール

(1) 男性は□，女性は○で示す
(2) 死去している場合は，黒くぬるか×印をつける（■⊠／●⊗）
(3) 事例研究の主たる対象者（本人）は，二重印にする（◎／◉）
(4) 婚姻関係は，二重線（＝）で結び，離婚はそれに斜線を入れる（≠）
(5) きょうだいは，出生順に左から並べる
(6) 同居者（同世帯）は，実線でくくる
(7) その他，必要に応じて年齢や居住地等の事項を書き入れる

これらの項目は，あくまで参考例であって，実際には援助機関の特性や提出事例の特徴によって項目の設定が変わる。またフェイスシートの項目や選択肢をあまり細かくしてしまうと記入できないものが出てきたり，事例の全体像がわかりにくくなるので自由記述欄や備考欄を作っておくと融通の幅が広がる。

　以下，「事例研究用フェイスシート」の項目について，いくつかの留意点をまとめておく。

　①事例タイトル：事例を理解するための「器」づくりとして，事例の特徴を表す表題をつけておくと参加者が全体像をイメージしやすい。ただし，あまりにもイメージを固定化してしまうようなものは理解を歪めたり，自由な議論を妨げることになるので注意が必要である。

　②氏名・住所：事例研究及び取り扱う事例の性質によるが，プライバシー保護の観点から，特別の理由がない限り原則として実名では記載しない。イニシャルで表現している場合もよくあるがその必要性がある場合も少ない。「Aさん」「B氏」といったような表現で事足りる場合がほとんどである。また住所についても必要以上に記載しない。ただし，紙上ではそうであっても，口頭では実名を出さなければ議論できない場合もある。

　③性別・年齢・生年月日：性別，年齢，生まれ年は，事例のイメージ化にあたって基本的な項目である。ただし，生年月日の「月日」については議論に必要のない場合がほとんどである。本人を特定化できるものを紙上に書くことは極力避ける。

　④家族構成：クライエントシステムの理解のためには欠かせない項目であるが，構成員の情報の記載は，必要最小限にしておく。家族及び親族の系譜を図式化した「ジェノグラム」(genogram)を用いるのも一般的である。このジェノグラムの表記にはある程度決まった規則があるので，原則としてそれに従って書くことになる。書き方の基本ルールを表4-6で示しておく。

　「事例研究用フェイスシート」において，このジェノグラムを活用するのに便利な点は，必要に応じて内容を自由に膨らますことができるところにある。事例の説明に必要な要素として，年齢，死亡年，職業，住居地等を書き込むことによって情報の一覧性が高くなる。

⑤生活歴:「事例研究用フェイスシート」の項目として欠かせない内容である。人を点ではなく線として捉えることであり、どのような人生を歩んできたかはその人の現在の姿に影響を与えている。その意味で、本人を理解するうえで欠かせない情報である。しかしながら、過去にあまりにもこだわり過ぎると「現在の姿」を正確に把握するのを妨げることになるので注意も必要である。「今、ここで」の存在を重視にすることも事例の把握には大切である。通常、この生活歴には、家族歴、職歴、病歴等も含まれる。病歴については既往歴として別記する場合もある。

第3節

事例のまとめ方Ⅱ —経過記録

「事例のまとめ」の本体となるのがこの事例の経過を記載する「経過記録」である。これは、事例発表のなかでは最も大きな部分を占める。この部分のまとめ方によって検討内容が大きく変わる。これは時間の経過とともに事例の変化を記載する一般的なケース記録における「プロセスレコード」に相当するものであるが、「事例研究用」の記録にはそのためのまとめ方が求められる。

1.「経過記録」の全体像

「経過記録」は、図4-1で示したように、①援助対象の客観的変化、②援助者の働きかけの内容、③働きかけの背景にある援助者の分析・考察・所感の3つの内容について、時間の経過に伴って記載するものである。表4-7の「経過記録」の焦点では、「5つの焦点」のうち経過記録においては❶と❸の部分

表4-7 「経過記録」の焦点

内容＼時間	過去→現在	特定の時点（現在）	現在→将来
事実（客観的内容）	❶	❷	
考察（主観的内容）	❸	❹	❺

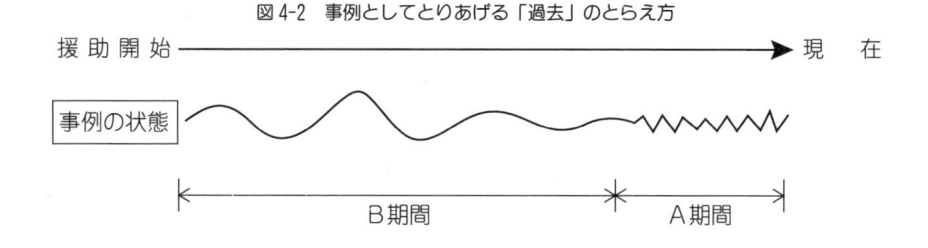

第4章　事例研究のための事例のまとめ方

図4-2　事例としてとりあげる「過去」のとらえ方

援助開始 ───────────────────▶ 現　在

事例の状態

├──────── B期間 ────────┼──── A期間 ────┤

に該当することを示した。つまり，過去から現在に至る事実と考察をまとめるということである。

　ここで重要な検討課題がある。それは，「過去から現在に至る」という際の「過去」をいつに設定するかということである。言い換えれば，直近（現在）からいつまでさかのぼって事例にまとめるかということである。事例によっては，数年にもわたる援助経過があるものもある。それらすべての経過をケースカンファレンスで報告することはできない。図4-2では，事例としてとりあげる「過去」のとらえ方を示した。図中の「事例の状態」は，時間経過のなかで事例に波や揺れがある状態（波線）や本人からの訴えや対応すべき課題が顕著になった状態（ギザギザ）を示したものである。基本的には，ギザギザの期間かその直前も含めた「A期間」を事例研究でとりあげることになる。事例提供者がその事例研究にとりあげようとした理由やきっかけが何かあるはずである。ただし，「B期間」も事例の理解に必要な情報がたくさん含まれているので，必要に応じて経過記録の前に要約的にまとめておくことが望ましい。いずれにせよ，事例提供者には事例に対する継続的な観察と専門職としての判断が求められる。

　この「経過記録」は，「本人の状況・変化」「援助者の働きかけ」「分析・考察・所感」の3つの要素から構成される。表4-8では，これら3つの要素の欄を設けた「経過記録」のイメージを図示した。上から下への時間の流れに沿って各要素の必要な内容を記載していくことになる。3つの欄の時間的な差異がぱっと見て分かるように書くことも大切なポイントである。なお，この表の作成には横幅が必要なので，A4サイズの用紙を横にして使ったほうが書きや

表4-8 「経過記録」のイメージ

日時[担当者]	本人の状況・変化	援助者の働きかけ	分析・考察・所感
○月○日(○) ○:○〜○:○ [○○]			
○月○日(○) ○:○〜○:○ [○○]			
○月○日(○) ○:○〜○:○ [○○]			

すく，見やすい場合もある。表4-9では，これら「経過記録」の具体例を示した。この具体例も，第3章のケースカンファレンスの展開過程において提示したDemonstrationで用いた事例の経過記録の一部である。

事例研究における「経過記録」は，3つの内容のどれかに片寄ったり，混在させるのではなく，きっちりと整理して書くことが大切である。事例提供者が事例をまとめるにあたって，日頃は頭のなかで渾然一体となったこれらの内容をこの3つの欄に分けて落とし込む作業自体が事例や自分の取り組みへの気づきをさらに深めることにつながる。

以下，これら3つの要素を中心に理解を深めることにする。

2.「経過記録」の3つの要素

①本人の状況・変化

「事例のまとめ」の基軸となるのが，時間の経過に伴う援助対象者の客観的変化である。これは，表4-7の❶の部分に該当する内容である。時間の経過とともに援助対象者がどのように変化したかを客観的にまとめることである。全体の骨格となる部分であるが，そのためのポイントをまとめておこう。

　a.「事例のまとめ」の基軸となる客観的記述

これは「事例のまとめ」の基軸となる客観的情報の整理である。援助者側の働きかけを軸とするのではなく，対象者側の変化を軸とするところにポイントがある。問題解決の主体はあくまで援助対象者である本人自身であるから，「事例のまとめ」においても援助者側ではなく対象者を軸に置くまとめ方をすべきである。そうすることによって，実際の援助時には見えなかった事実に援助者が気づくことも多い。

まとめる作業は，日頃のケース記録をもとに自分の実践を振り返るところから始まる。そこでまずすべきことは，事例全体の「流れ」や「起伏」をつかむことである。そしてどの期間を事例としてとりあげるのか，またどの時期や場面を強調すべきかを見極める。それに沿って，記載すべき事項をケース記録のなかから選択し，抽出することになる。それは，ケース記録に基づいて記憶を呼び起こす作業も含んでいる。

表 4-9 「経過記録」の具体例

日時[担当者]	本人の状況・変化	援助者の働きかけ	分析・考察・所感
10月16日(金) 9：30～11：30 [浦林]	訪問すると，横になってテレビを見ている。かなり尿臭がきつい。ヘルパーからのあいさつに対して返事はするものの視線を合わさない。		
		「ご気分はどうですか」「何かしてほしいことはありますか」と声をかける。	
	ヘルパーからの声かけに対して，「別に…」「特にないです」といった発言がある。		
			生活への意欲が感じられない。興味があってテレビを見ている感じでもない。
	相変わらず，パンツを履かずに掛け布団をかけている。敷き布団は尿でベトベトに濡れている。		
		「このままでは冷えるので，布団を干して，パンツを履かれたらどうですか」と声をかける。	
	パンツのことについてのヘルパーからの働きかけに対して，「これでいいんです。便所でどうせ脱ぐんやし」との返答。 布団を干すことは拒否。		
			これ以上，ここで促しても無意味と判断。ただ本人が履く気になればいつでも履けるようにと考えた。
		その場ではパンツを履くことを強要せず，枕元に新しいパンツを置いておく。	
			パンツのことは，何かの無意識のメッセージかもしれない。そうだとしても，その内容はまだ読みとれない。

1月4日(月) 9：30～11：30 〔浦林〕	今年初めての訪問。ノックをすると本人の大きな返事。ドアを開けると，即座に「おめでとうさん。待っとったよ」と笑顔を見せる。尿臭はするが，パンツは履いている。こたつの上には，3分の1ほど減ったカップ酒が置いてある。お正月ということで隣人がお節料理少しと一緒にくれたらしい。 　掃除とお昼の支度を終えると，本人から「なあ，浦林さん。あんたに息子の写真を見せたかのう」と切り出される。その後，約40分ほど亡くなった息子さんについて話す。その内容は幼少期の楽しかった思い出がほとんどであった。最後は，少し涙ぐむ。 　帰り際に，「今日はありがとうな」と言われる。	ひたすら聞き役に徹する。時折，その時の気持ちを言語化できるような問いかけをした。	お酒のせいもあっただろうが，初めて私にみせた饒舌ぶりであった。パンツを履いていたことや息子さんの話などから少し内面の変化があるようにも受け取れた。 　本人が過去を整理していく作業のひとつであったように思う。ご自分から話されるタイミングを待つことが大切であると感じた。

具体的には，表4－9のように用紙の左の列に記載すべき事項の年月日を記載し，その時に生起した事実をその右に記述する。その事実とは，援助者が観察した事実，本人の発言，本人を取り巻く環境の変化等が含まれる。それだけに客観性の高い観察能力が求められる。とりわけ，「本人の発言」をそのまま記載することが検討時に重要な意味をもつことが多い。

　b．援助対象を「システム」として捉えること

　援助対象は，直接働きかける本人だけではない。その本人を取り巻く環境（家族や地域等）をも事例研究の対象としなければならない。したがって，この「本人の状況・変化」の「本人」には家族や地域も含まれる場合がある。その場合には，記載方法を工夫する必要もでてくる。この「本人の状況・変化」の欄をさらに「夫（本人）」と「妻」，「本人」と「家族」，「本人」と「近隣」といった具合に事例に合わせて欄を分けることでわかりやすく，また両者間の力動的な関係も明確にすることができる。

　その際，本人とその環境を「システム」として捉える，つまり本人とその環境との相互作用関係が常に力動的な状態にあるものとして認識するということである。このことは，第5章の事例を捉える3つの基本的視点においても指摘している。したがって，援助対象者の客観的変化の内容には，事例の性質に応じて本人のみならず本人を含めた家族や地域の力動をも含めて客観的に記述する必要がある。もちろん，その選定の見極めも事例提供者には求められる。

　c．事例の記述に濃淡をつけること

　時間の流れに沿って単に詳細に書いただけでは，事例研究のためのまとめにはならない。事例のまとめの質を高めるためには，事例のまとめに濃淡をつけることが求められる。そのためには，事例の流れを捉える力量が必要となる。事例の動きは，きわめてダイナミックなものである。表面的には大きく変化することのない時期もあれば，本人や本人を取り巻くシステムが激しく動く時期もある。その状況に応じてワーカーの働きかけの方法や内容も変化することになる。したがって，事例のまとめにおいても事例全体の流れや対象者の変化の起伏，場合によっては援助者の取り組み等を総合的に捉えて，事例のまとめに濃淡をつけることが求められる。濃淡とは，事例の記述にめりはりをつけるこ

とである。そうすることによって，まとめが生き生きしたものになる。

　たとえば，取り組みの2年間を事例の変化に応じて4期に分けてまとめるといったような工夫も有効である。また，重要な場面についてはより詳細に記述及び報告する必要がある。対象者の様子，ワーカーの働きかけの内容，ワーカーの考察等のいずれも詳細に提示する必要がある。場合によっては，特定の場面を逐語録で詳しく再現することも重要となろう。

　d．「事例のまとめ」における「客観性」

　ケースカンファレンスのための「事例のまとめ」の基軸となるのは，時系列で並べられた客観的事実の記述である。しかしながら，ここでいう「客観的」という意味について認識を深めておく必要がある。これは，事例研究のための事例をまとめる場合だけではなく，日常の実践におけるケース記録においても常に念頭においておかなければならない内容である。

　ケース記録や事例のまとめの客観的事実における「事実」とは，あくまで援助者（執筆者）という「フィルター」をとおしたものである。つまり，「事実」を取捨選択し，それを文字や言葉にして事例研究会の参加者に伝えるのはあくまで執筆者である事例提供者（援助者）の判断や見方によるものである。したがって，ここでいう事実とは，援助者という「フィルター」をとおした「擬似的事実」といえる。

　さらに，フィルターをとおした「事実」であるうえに，それを文字として表した時に，さらに記述上の問題が生じる。事実を文字で記すための表現力が不可欠であることはいうまでもないが，事例をまとめるのに最も難しい点のひとつは，客観的事実と援助者の主観的意見とを区別して記述することである。叙述体と説明体が未分化であったり，両者が混在した記録は，事実と意見（見解）が曖昧になってしまい，事実を歪曲して伝える危険が生じることになる。ここで2つの記録例を紹介しよう。これは特別養護老人ホームのケアワーカーの記録である。入所したばかりの利用者の夕食時の様子を記述したもので，［A］［B］とも同じ場面の記述である。

　［A］　家族のことを思い出してさみしくなってしまい，食事もできない状態だった。

［B］　食堂まで出てこないので，私が居室まで様子を見にいくと，頭まで布団をかぶっていた。私が「どうされました？」と声をかけると，涙をためた目を布団から出して，「家に帰りたい」と聞き取れないような小さな声で答えた。

　［A］が事実と援助者の分析・見解とが曖昧な記録，［B］ができる限り忠実に起こったことを再現した記録である。［A］の記録であると，利用者が実際にどのような様子であったかは明らかではない。この場面だけに限定していうなら，利用者が「家に帰りたい」と発言したのはさみしいからではなく，同室の利用者との関係がこじれたからという理由も考えられる。もしその理由であれば，［A］の記録は，事実とは違ったものになる。

②援助者の働きかけ

　経過記録の2つめの内容である「援助者の働きかけ」は，クライエントシステムの変化を基軸としながら，援助者がそのクライエントシステムに対してどのような働きかけをしたかについて明らかにすることである。援助者は傍観者ではなく，何らかの援助活動（介入）を行った主体者であるから，対人援助の事例研究においては援助者による援助内容を具体的に明らかにすることも議論のための大切な材料となる。

　援助者の存在それ自体がクライエントシステムに対して何らかの影響を与える存在であることを認識し，自分の援助とクライエントとの関係を明らかにする必要性もある。

③援助者の分析・考察・所感

　経過記録の3つめの内容が，援助者の「分析・考察・所感」である。主に2つめの「援助者の働きかけ」と関係させて，援助者がなぜそのような働きかけをしたのか，あるいはどのような意図でそのような援助（介入）方法をとったのかというその当時の援助者の分析，考察，所感を記載する。表4－7の❸の部分に該当する。重要な場面においては援助者がその時点で分析したことや考察したことを明らかにすることによって，事例のまとめが力動的で生き生きとしたものになる。

第4節

事例のまとめ方Ⅲ　―全体の所感・論点・展望―

　「事例のまとめ」の3つめの構成要素は，事例全体を振り返っての所感や事例担当者からみた検討すべき論点，事例に対する今後の展望等についての最後のまとめである。表4-10で示したように，「考察（主観的内容）」の過去から将来までを範囲とする❸❹❺の部分に該当する内容となる。

　具体的な内容としては，①この事例にかかわってきて今感じていること，②事例をまとめてみて感じたこと，③今後の事例の展望，④今後のことで悩んだり迷っていること，⑤当日議論してほしい内容，などが含まれる。これらを「フェイスシート」や「経過記録」とは別の用紙（書式自由）に簡潔に記載し，ケースカンファレンスでの「事例の提示」の最後に報告する。

　こうした内容によって，ケースカンファレンスの参加者は，事例提供者（援助者）の「思い」をとおして事例を解釈すること，つまり事例提供者に波長合わせをしやすくなり，その後の事例の具体の検討に移りやすくなる。

表4-10　「全体の所感・論点・展望」の焦点

内容＼時間	過去→現在	特定の時点（現在）	現在→将来
事実（客観的内容）	❶	❷	
考察（主観的内容）	❸	❹	❺

第5節

「事例のまとめ」の質の向上をめざして

　ケースカンファレンスに提出するための「事例のまとめ」の質の向上に向けて，日常のケース記録との関係と事例提供者に求められる能力について指摘しておこう。

1. 基本資料としての日常のケース記録

　事例研究のための「事例のまとめ」は，援助者が日常業務として付けるケース記録とはまた違ったものである。しかしながら，「事例のまとめ」の基本資料となるのは，あくまで日常のケース記録である。質の高いケース記録なくして，質の高い「事例のまとめ」はありえない。

　対人援助における記録は，「ケース記録」（case record）と呼ばれ，従来から対人援助に不可欠な構成要素として位置づけられてきた。しかしながら，その重要性が指摘される一方で，実際には軽視されたり，おろそかになりがちであったことも否定できない。その背景として，記録の意義が十分認識されていないことや，記録の書き方についての訓練がなされていないことなどが理由として考えられる。記録は対人援助の付加的な存在ではなく，対人援助自体に内包される一過程であって，記録を抜きにした専門職としての対人援助はありえない。以下，対人援助における記録の目的，記録の種類と様式，記録のための留意点について簡潔にまとめておこう。

　ケース記録の目的としては，①援助の向上のため，②機関の管理・運営のため，③事例研究やスーパービジョンの資料のため，④調査研究のため，という4点が指摘できる。

　特に，援助活動の側面からすれば「援助の向上のため」という意味合いは大きい。援助者がケース記録を作成するプロセスは，援助者自身が自らの実践を振り返るプロセスでもある。面接や訪問中には気づかなかった援助対象者（クライエント）の言動や援助者の働きかけとクライエントの反応との因果関係などが，記録を作成することで意識化されることも少なくない。このプロセスが，次の援助の方向性を考察する最初の作業となり，またこうした記録の積み重ねが事例の長期的展望を導き出すことになる。これが「事例のまとめ」の大切な素材となるのである。

　ケース記録の様式としては，叙述体，要約体，説明体の3つがあげられる。実際には，これらを必要に応じて使い分けたり，組み合わせて用いられている。これらの様式についても，「事例のまとめ」の基礎的な様式となる。

叙述体（narrative style）とは，ケース記録の最も基本的な記述法である。面接のなかで起こったありのままの事実を，時間の経過にしたがってそのまま書きとっていく様式である。この叙述体は，「圧縮叙述体」と「過程叙述体」に使い分けられる。前者は，客観的事実の要点を抽出し，圧縮して記述する記録で，実際に「過程記録」の記録法として広く用いられている。後者は，クライエントの表情や発言を忠実に再現するもので，クライエントの感情やワーカーとの相互作用を表現するのに有効である。特に，ありのまますべてを記述した逐語記録がこの様式を代表するものであり，スーパービジョンやトレーニングの材料としても使われることが多い。

次に，要約体（summary style）とは，「圧縮叙述体」が時間的経過に伴う事実の圧縮であるのに対して，この要約体は事実のポイントを明らかにしようとするものである。これは，援助者によって事実が取捨選択されて体系的に整理されたものであるため，援助者の解釈や見解を含んだ事実の記録といえる。生活歴や長期にわたる援助の要約に使われることが多い。

説明体（interpretation style）とは，上記の2つが事実に即した様式であったのに対して，この説明体は事実を援助者が解釈し，説明するための様式である。当然のことながら，援助者には文章表現力のみならず，事例を的確に把握し理解する力量が求められる。この場合，「事実そのもの」ではなく，援助者の意見を加味した記録であることを明示しておかなければならない。

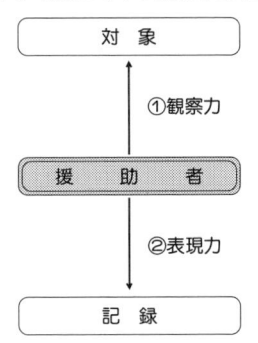

図4-3 記録における観察力と表現力

対　象
↑
①観察力

援　助　者

↓
②表現力

記　録

2. 観察力と表現力

　図4-3では，記録における観察力と表現力を図式化した。質の高い記録のためには，記録者でもある援助者に援助対象をできる限り正確に捉える「観察力」とそれを記録として文章化する「表現力」という2つの基礎的な力量が求められる。

　まず，ここでいう観察力とは，事例をしっかりと捉え，記録として必要なものを取捨選択すること，つまりは事例を見極める力ともいえる。先に述べたように，事実のすべてを記録に起こすわけではなく，また援助者のフィルターをとおしたものである。そしてこの観察力に加えて，それを第三者，つまり記録の読み手に正確に伝える表現力が必要となる。記録は自分のためだけでなく，人に情報を伝えるためのものであるから，この能力がなければ記録としては成立しない。そのためには常に読み手の存在を意識し，具体的で分かりやすい言葉を使うことが望まれる。

　質の高い事例のまとめのためには，こうした観察力と表現力を養うことが必要となる。しかしながら，質の高い「事例のまとめ」の前提は，洞察や考察，かかわりの深い実践であることを認識しなければならない。

第 5 章

対人援助のための基礎理論

　これまでの1～4章では，対人援助の本質に基づいて援助を深めるための事例研究の方法について具体的に明らかにした。質の高い事例研究を積み重ねることによって，対人援助の共通項が明確になり，やがてそれは援助理論の構築に寄与する。このことも事例研究の大きな意義であるが，一方では援助者に対人援助の価値，知識，技術の拠り所となる援助理論が求められる。事例研究と援助理論との相乗効果によって，援助への指針はさらに深まることになるだろう。
　そこで，本章では，対人援助のための基礎理論として，事例を理解するための基本的視点と援助理論について論じる。

第1節

事例を理解するための基本的視点

　事例を「どのように捉えるか」は，その事例に対して「どのように援助するか」に直接結びつく。事例を理解するための視点は，援助のための視点でもある。それだけに，事例を正確に捉え，深く理解するための枠組みは，対人援助の理論や方法に基づいたものでなければならない。

　その意味では，第3章で提示したケースカンファレンスの展開過程における「事例の共有化」の段階がきわめて重要な意味をもつ。ケースカンファレンスにおいて事例をいかに理解するかが，事例をいかに援助するかを導き出すことに直結するからである。

　以下，事例を理解するための基本枠組みとして3つの視点を提示する。3つの視点とは，①現状の客観的理解，②生活歴の理解，③本人からの理解である。この3つの視点を分かりやすく表現するために，「木の枝にとまった鳥」を理解することにたとえてみよう。鳥を事例にたとえて3つの視点から捉えるならば，その鳥の現状を客観的に知ること，その鳥がどこから飛んで来たのかを知ること，そしてその鳥が自分の世界から何を感じ，何を見ているのかを知ることと説明できる。

　これらの視点を，図5-1に図示した。まず，本人を環境との相互作用関係にある存在として捉えたうえで，「現状の客観的理解」とは現在の時点における客観的理解であり，「生活歴の理解」とは本人と環境の時間的な変化の理解であり，「本人からの理解」とは以上の状況下にある本人の側からの理解である。対人援助においては，とりわけ3つめの本人からの理解，つまり本人自身が自分の世界から何を考え，何を感じているのかを理解することが重要となる。そこで援助者やケースカンファレンスの参加者には，本人の〈ストーリー〉に入り（第1章参照），本人の世界から理解を深めることが求められる。客観的な情報を集め，本人の過去を知っただけでは，そこから本当の意味での

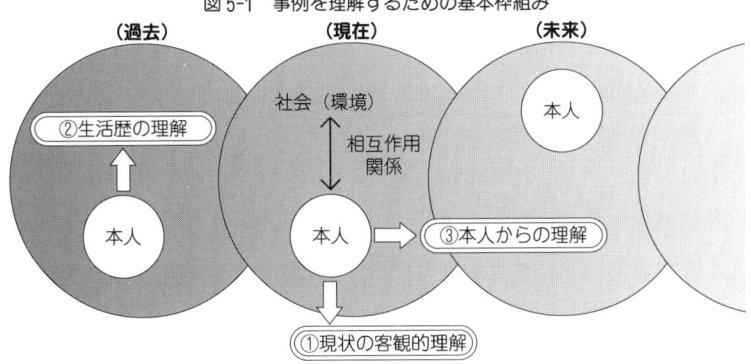

図5-1 事例を理解するための基本枠組み

（過去）　　　（現在）　　　（未来）

②生活歴の理解
社会（環境）
相互作用関係
本人
③本人からの理解
①現状の客観的理解

援助のあり方を引き出すことはできない。

これらの3つの要素を重ね合わせた時に，事例の本来の姿や世界に近づくことが可能になる。

以下，3つの基本的視点の内容について明らかにしよう。

1. 事例を捉える基本的視点①　－現状の客観的理解

　基本的視点のひとつめは，事例の現状についての客観的理解である。「客観的」とは「外からデータとして収集できる」ということであり，本人に関する必要な情報を収集し，それを総合的に分析して対象者の理解に結びつける。その情報源は，本人及びその周囲の関係者となる。この視点は，本人及び本人の置かれている現在の状況について本人の外から理解することといえる。

　図5-1で示すように，本人と本人を取り巻く環境（家族，地域，組織等）とは，お互いに影響を与え合う相互作用関係にある。よって，現状の客観的理解とは，本人自身の客観的理解に加えて，本人を取り巻く環境との相互作用関係にある社会関係の把握も含むことになる。

　まず理解の核となるのが，本人自身についての客観的理解である。「木の枝にとまった鳥」であれば，ビデオや写真による生態の観察，体長や体重の測定，羽根の色や鳴き声のチェック，糞の分析などに相当する収集可能な客観的データを集めることによってもたらされる理解といえる。対人援助の事例の場合に

は，援助に必要な内容（情報）を取捨選択したうえで，原則として本人自身から情報を収集する。さらに必要に応じて，家族や地域住民等の関係者から情報を得る。その場合，原則として本人の承諾を得なければならない。

こうした本人に関する客観的情報は，第4章で示した事例研究用フェイスシートの項目としてあげられる現在の状況に関するものである。性別，年齢，居住地，家族構成，経済状況，住宅状況，心身の状態，疾病，コミュニケーション特性，支援体制，受給サービス等があげられよう。また，外から確認できる本人の言動もその内容に含まれる。

もう一方の本人に関する客観的理解は，環境のなかに置かれた本人，つまり本人と環境との相互作用関係を把握することである。これは，現在の状況を「システム」として理解することを意味する。対人援助においては，援助対象を「今，ここで」（here and now）の存在として捉えることが大切である。本人は，これまでの時間の積み重ねと過去の体験を引きずった存在としてだけではなく，今の家族や親族，地域，施設における人間関係や力関係による「しがらみ」に強く規定された存在であるはずである。

本人と本人を取り巻く周囲とは相互に影響を与え合う存在であり，本人の今の生活そのものに深く影響を与えている。「生活」という全体性のなかで本人を捉えるならば，そうした本人の周囲との相互作用関係の理解もまた重要となる。

2. 事例を捉える基本的視点②　－生活歴の理解

事例を捉える基本的視点の2つめは，本人の生活歴からの理解である。これは時間の経過を基軸とした理解である。先ほどの「木の枝にとまった鳥」でいうなら，その鳥がどこから飛んできたのかを知ることである。これを知ることは，次にどこに向けて飛び立つかの予測に役立つはずである。

この生活歴の理解は，ライフコースという時間の流れのなかで本人を捉えることを意味する。個人の人生行路は，その時代時代の社会状況や社会事象の影響を受けている。その影響下にあって，本人は，変わりゆく家族や地域といった取り巻くシステムとの相互作用のなかで個別の人生を歩んでいく。

「生活」とは，多面的な要素から構成される。したがって，本来的にはその時間的経過を示す「歴」の理解にあっても多面的な視点が求められる。個人的変化としては，加齢に伴う心身の変化や障害の変化，事故や疾病等があげられ，家族・社会関係においては家族構成の変化，職業や社会的役割の変化があげられ，さらに居住地の地域的変化等も含まれる。

ただし，本人を理解するうえでは，必要以上に過去のことにこだわり過ぎると，現在の「いま，ここで」の状況を正しく捉えることができなくなることに十分留意しなければならない。

3. 事例を捉える基本的視点③ ―本人からの理解

3つめの基本的視点は，これまでの2つの視点をふまえたうえで，本人の側からの理解を進めることである。これは，第1章の「対人援助の本質」のところで述べた，本人の〈ストーリー〉に入ることを意味する。つまり，本人がどんな世界に生き，何を感じながら生活しているのかについて本人の世界から理解を深めることである。対人援助の事例研究とは，この視点から本人を理解する場でもある。「木の枝にとまった鳥」でいうなら，その鳥が何を見ているか，どのような世界に生きているかを知ることである。その鳥の世界の真実は知りようもないが，その世界にいかに近づくかという姿勢が大切となる。

高齢者への介護面での援助において，自分で食事をとること，お風呂に入ること，1日に2時間座位をとることが援助の目標としてあげられることがある。しかしながら，これらは得てして専門家からみた一方的な目標であることも多い。「援助目標」の達成度を評価の基準としてしまい，それをもって援助をしたことにしてしまう。ところが，本人の世界はまた別のところにあることも決して少なくない。

事例研究の場におけるそのいくつかの例をみてみよう。参加者からの事例に対するコメントとして「（親の介護について）長男なんだから，フラフラしないでしっかりしないと」とか「（機能訓練のためのリハビリテーションについて）本人は懸命に取り組み，本当によく頑張っていますね」といったような発言がみられることがある。このような発言は，発言者自身の価値観や世間の常

識に立脚したものに過ぎないことが多い。「本人からの理解」という観点からは，本人の〈ストーリー〉からの理解，つまり内から事例を捉えるということが求められる。事例研究によって事例を深めてみると，たとえば前者では「長男は，ギャンブルによる借金をめぐる夫婦関係の悪化と自分の転職のことで精一杯なのでしょう。親の認知症の症状について気づいていても，それを認知症として認識し，ましてや介護を正面から受けとめる精神的な余裕はないのでしょう」とか，後者については「バリバリと仕事をしていたこの人が障害を受容できる段階にはまだなく，今の段階では身体機能の回復のみに本人の目が向いているのでしょう」といったような理解も必要となる。このように事例研究でのディスカッションによって本人の〈ストーリー〉に入ることで，これまでとは違った「事例の顔」に気づくことになるだろう。これは，事例の解釈力をつけることでもある。

　さらに，事例に働きかけるタイミングを見極めることも対人援助においてはきわめて重要な要素である。事例への働きかけは，システムへの介入である。事例に対して「いかに介入するか」だけでなく，「いつ介入するか」も対人援助の大切な視点である。この介入の時期の失敗は，場合によっては「暴力」に化ける。本人や本人を取り巻くシステムには，前述したように自分たちの〈ストーリー〉という固有のタイミングをもつ。無理に変化させようとしても事例は動かないし，援助者の思い通りに動くはずもない。援助には事例の側からみた援助のタイミングがある。「いつ介入するか」を見極める重要なポイントは，事例自身が動力源となって動くタイミングを積極的に待てるかということである。「積極的に」とは，常に働きかけをしながら，援助関係をとおして見極めをすることである。援助関係がなければ，介入の機会は捉えられないし，またそのタイミングは事例の〈ストーリー〉に入らなければ見極めることはできない。

　こうした本人の世界に援助者が接近できるかどうかが，援助の質を左右する大きなポイントとなる。ケアマネジメントにおけるアセスメントにおいても，こうした視点からの本人理解に本当につながっているかを見直すことが求められる。

この本人からの理解は，援助者に本人への感情移入を求めることになるが，どっぷりと相手に浸かってしまうことではない。援助者としての専門的な視点を持ちながらも，相手の立場から理解できるかということである。

第2節 対人援助のための「本人発の援助のベクトル」と「相互援助システム」

事例を理解するための3つの枠組みを明らかにしたが，ここではその事例を援助する際の援助概念について「本人発の援助のベクトル」と「相互援助システム」の2つの内容についてまとめておこう。

1.「本人発の援助のベクトル」

援助の対象であるクライエントが地域社会のなかに存在する限り，そのクライエントは，家族や各種グループ，地域といった大きさの違う複数のシステムを構成する要素となっている。援助者は，この視点をもちながら，援助を具体的に展開していくことが求められる。

この観点からの援助概念を対人援助における「本人発の援助のベクトル」として，提示することにしよう[1]。なお，「ベクトル」とは，本来大きさと方向をもった量を意味するが，ここでの「援助のベクトル」とは方向性をもった援助の大きさという意味で抽象化して用いることにする。

対人援助の「本人発の援助のベクトル」の全体像を図5-2で示した。〈展開1〉から〈展開4〉にかけて，援助の対象となるシステムが本人（クライエント），家族・小集団，組織・地域社会，社会制度へとサイズが大きくなり，それぞれに対して援助のベクトル，つまり本人へのベクトル，家族・小集団へのベクトル，組織・地域社会へのベクトル，社会制度へのベクトルが向けられている。また，図中の点線は，「本人」が「家族・小集団」に含まれ，その「家族・小集団」は「組織・地域社会」に含まれ，さらにその「組織・地域社会」

図 5-2　本人発の援助のベクトル

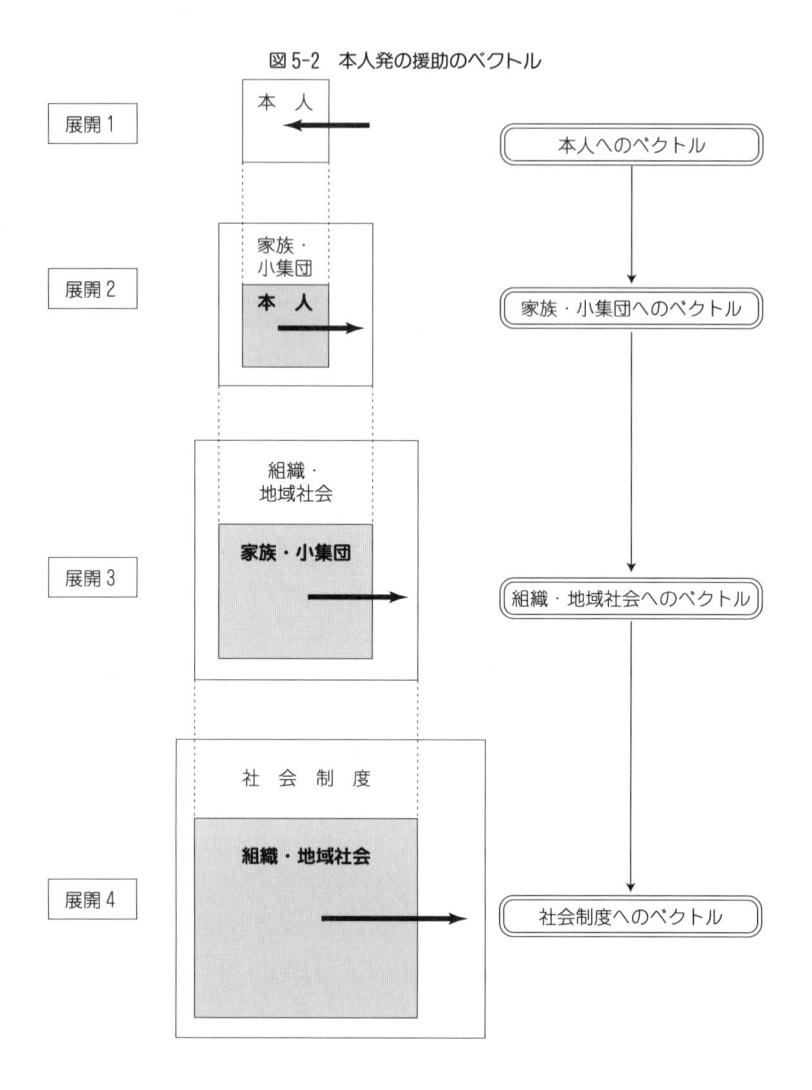

展開 1	本人	→	本人へのベクトル
展開 2	家族・小集団／本人	→	家族・小集団へのベクトル
展開 3	組織・地域社会／家族・小集団	→	組織・地域社会へのベクトル
展開 4	社会制度／組織・地域社会	→	社会制度へのベクトル

はより大きなシステムである「社会制度」に包含されることを表している。この本人発の援助のベクトルの考え方は，後述するように当面の当事者である本人を援助の起点として位置づけ，そこから援助を順次展開すること，そして展開とは 2 つのシステムがぶつかるところから新しいシステムが創造されることを意味している。

当然のことながら，図5-2では説明上の概念として便宜的に本人，家族・小集団，組織・地域社会，社会制度の4つの大きさのシステムをとりあげたが，それ以外のシステムとも新しいシステムを創り出す必要がある場合もあるし，それぞれのベクトルの向きにおいて必ずしも大きなシステムが小さなシステムを包含するとも限らない。

この対人援助における「本人発の援助のベクトル」の概念がもつ特質について，次の3点から明らかにしておこう。

まず第1の特質は，「本人発」とあるように援助とは本人を起点として展開すべきであるということである。援助の出発は，生活問題をもつ当事者である本人自身へのアプローチ，つまり「本人へのベクトル」から始まる。これは，問題や課題の解決に向けて本人の変容を促すという意味ではなく，本人がまずは問題解決の主体者となれるような援助から始めるということである。本人を援助の起点とするということは，主体者である本人自身が自分の人生を歩んでいくのを援助者が支援していくことを意味する。このアプローチは，対人援助の原理である主体性と自己決定の尊重の原則に立脚するものである。そうした主体者としての態度の形成のための基本要素となるのが，クライエントと援助者との援助関係の構築，受容や共感，傾聴，非審判的態度等であることはいうまでもない。そしてこの「本人へのベクトル」から周囲の環境（家族・小集団，組織・地域社会，社会制度等）との相互作用をとおして，本人の気づきや新しい関係システムづくりを促していくのである。

第2の特質は，「本人発の援助のベクトル」には新たなシステムを創造するという考え方を含んでいることである。援助の展開とは，本人への援助を起点として，そこからより大きなシステムを順次創出していくことである。本人から家族・小集団，家族・小集団から組織・地域社会，組織・地域社会から社会制度というように，より大きなシステムへの展開は，それぞれの過程における新しいシステムの創出を意味する。創出とは，2つのシステムが出会うことによって，新しいシステムを生み出すというきわめてクリエイティブな活動である。それは，どちらかが不変のまま，もう一方に合わせることではない。〈展開2〉を例にあげるならば，本人を含む新たな家族システムの創造は，本人が

家族に合わせることでもなく、また家族が本人に合わせることでもない。つまり、双方の交渉によって新たな家族システムをつくり上げることなのである。

それでは新たなシステムを創出するための援助者の機能とは何か。つまり、新しいシステムを創造するためには援助者が何をしたらよいのかというベクトルに関与する援助者の役割とは何かということである。これが第3の特質である。新たなシステムを創出するための援助者の機能とは、2つのシステムを「対等に向かい合わせること」によって新たなシステムを創造するという「媒介」である。「本人発の援助のベクトル」においては、本人へのベクトルから出発したうえで、家族へのベクトルでは「本人」と「家族・小集団」を、組織・地域社会へのベクトルでは「家族・小集団」と「組織・地域社会」を、さらに社会制度へのベクトルでは「組織・地域社会」と「社会制度」とを「対等に向かい合わせ続けること」によって、それぞれ新たなシステムを生み出す過程を支えることが援助者の仕事なのである。この「媒介」の詳しい概念については、後述することにしよう。

以上のように、本人を援助の出発点とし、そこから新しいシステムを創造し、そしてその創造を促すのが媒介者である援助者の役割であるという対人援助における「本人発の援助のベクトル」は、対人援助のための基礎概念のひとつとなるものである。

2. 問題解決の媒体としての「相互援助システム」

「本人発の援助のベクトル」による新しいシステムの創造において、その理想的な形態は、「相互援助システム」という概念によって説明できる。ここでは、対人援助における基礎概念のひとつとして「相互援助システム」をとりあげ、その特質と問題解決のメカニズムを明らかにしてみよう。[2]

① 「相互援助システム」の特性

ソーシャルワークの領域において「相互援助システム」の概念化をもたらしたのは、シュワルツ（William Schwartz）である。シュワルツは、個人と社会の関係を「共生的な相互依存関係」と規定し、さらにこの個人と社会の共生的関係を「それぞれが存命と成長のために他者を必要とし、その時点で力の限

りを尽くして他者に手を差しのべること[3]」と説明する。シュワルツの理論を継承するシュルマン（Lawrence Shulman）は，この「共生」について，個々人の福祉をめざした社会的責任への信頼の基礎となるものであり，さらに他者との前向きな関係の中で人生の欲求が最高の形で満たされるということを一人ひとりが発見することであるとしている[4]。

こうした「共生」という概念は「もちつもたれつ」といった人間社会の本質であるといえる。しかしながら，本来共生とはどちらにも前向きな成長をもたらすとは限らず，どちらが生き延びるためにもう一方を滅ぼすことも考えられる。したがって，ここでの「共生」の関係とは，双方にとっての成長のための関係でなければならない。個人と社会が不健康な依存関係ではなく，双方が共に成長していくための相互依存関係を構築していくことになる。共に成長していく視点をもつ共生的関係が対人援助には求められ，どちらか一方だけに利益をもたらす寄生的関係であってはならない。

グループを例にとると相互援助システムの特質がみえやすい。シュワルツは，クライエント・グループを「ある特定の課題達成に援助を惜しまぬ施設・団体にあって，お互いの存在を必要としている人たち[5]」と定義した。このグループ観は，相互援助システムの特質を的確に表現している。グループは問題解決のために援助者だけでなく，お互いのメンバーを必要とする「援助システム」として形成される。そのことにより，グループは限られた一部のメンバーのために存在するのではなく，メンバー全員が相互に影響し合い，共通の問題をとりあげ，共に成長していくための存在となる。グループ内の複数の援助関係が相互援助システムに必要不可欠な構成要素であり，さらにこれがシステムとして力動的な定常状態を保っていくことになる。

こうした特質は，「本人発の援助のベクトル」の目指す新しいシステムの特質として適用できる内容であるといえよう。

②「相互援助システム」の問題解決へのメカニズム

相互援助システムの特質は，対人援助におけるひとつの到達目標として位置づけられる。それは，当事者を構成員とする相互援助システムが解決すべき問題に気づき，その問題に相対し，解決に向けて取り組んでいく主体者となるか

らである。

　以下，その相互援助システムのメカニズムについて明らかにしておこう。
　a．「運命共同体」としてのシステム
　問題解決の媒体となる相互援助システムの成立要件のひとつは，クライエントとシステムが両者間に結ばれた対等な関係と相互の共感的支持を基盤とした「運命共同体」としての関係と意識を育てることである。相互援助システムは，共生システムとしての特質をもつ。構成員間に共生的関係で結ばれた共生システムは「共に成長する」こと，つまり「双利共生」を基礎にしており，どちらか一方が犠牲になったり，どちらか一方が不利益を被ることはない。自分たちが運命を共にする同じ舟に乗っていることをシステムとクライエントの双方が認知しなければならない。問題解決のプロセスは，双方共に利益を得る創造的な解決策を手を取り合いながら模索するプロセスなのである。

　「運命共同体」とは，クライエントとシステムの双方が「当事者」として共通の基盤の上に立つことを意味している。その共通の基盤とは，どちらの生活や人生にもお互いの存在自体が影響を与え合うという共通認識をもつことである。家族であれ地域であれ，本人の問題を解決することは，本人と自分を含んだシステム全体の行く末を決めることである。相互援助システムにおける問題解決とは，自分たちの運命を決める新しいシステムを創出することなのである。

　b．現実に目を向ける情報開示とコミュニケーション
　相互援助システム内においては，公正な情報の分かち合いと健全なコミュニケーションの様式を確立することが問題解決へのひとつの要件となる。

　本人の生活状態や生活問題，またクライエントとシステムを取り巻く環境は刻々と変化する。それらの情報について援助者，クライエント，システムがたえずオープンにし，それを共有することができなければならない。その情報には，お金や性等のいわゆるタブー領域の内容の取り扱いをも含んでいる。

　さらには，そうした情報の開示とそれに伴う感情を正確に相手に伝えるコミュニケーション様式の確立も相互援助システムの特質のひとつである。言語・非言語のコミュニケーションをとおして事実と感情の共有化がもたらされることは，問題解決へ向けて手を取り合う協力体制のための基礎要素となる。

これらの情報の分かち合いと健全なコミュニケーションは，たえず「現実」に目を向けていくことを意味している。「現実」から目を逸らし，架空や想像上の「問題」を作り上げてしまっては，本質的な問題解決につながらない。相互援助システムとは，そうした「現実」を受け入れることのできる器となる。

  c．相互要求

完成された相互援助システムは，お互いの存在を必要としている構成員の集合体である。したがって，対等な関係の深まりと相互共感及び相互理解に立ったうえで，焦点化された課題が明確になると，具体の問題を解決するために向かい合う相手に対して要求や変化への期待が生じるようになる。つまり，問題解決に向けた相互要求というダイナミックスが相互援助システム内に生起するということである。

援助者は，この相互の要求の内容を向かい合う相手に正しく伝え，その反応をフィードバックする役割を担う。さらに，その双方向からの要求を擦り合わせ，個々のニーズの充足だけでなく，それがシステム全体の創造的成長へと展開できるように支援することになる。

このプロセス自体が問題解決に向けた相互援助システム内における相互作用の促進となり，新しいシステムを創る具体的な作業となる。

  d．具体的な取り組みとフィードバック

相互の要求の擦り合わせの延長線は，問題解決に向けた具体的な取り組みにつながる。相互援助システム内においては，具体的な解決方策を相互の要求の延長線に導き出し，その方策に共に取り組むことになる。援助者には，クライエントとシステムの相互作用をとおして，こうした問題解決に向けた具体的な動きをつくること，その取り組みを支援すること，そして取り組みによる結果や変化をフィードバックすること，さらにそこから次の方策を導き出すこととという一連のサイクルを支援し続けることが求められる。

問題解決への取り組みにおいて，こうした試行錯誤と軌道修正を可能にするのも相互援助システムの特質である。通常，魔法のような方法で短期間に問題解決がなされることはない。解決方法を模索・検討する時間を必要とするし，また複数の実践の積み重ねによって解決に至ることもある。成熟した相互援助

システムにおいては，うまくいかない取り組みによってバランスが崩れることがあってもシステム自体が自ら立ち直る補正力を備えている。

　e．関係の進展と新たなシステムの創出

　以上述べてきた相互援助システムとしての問題解決への取り組みのプロセスは，結果として対等な関係を起点としたクライエントとシステムの関係を進展させ，新たなシステムを創出することになる。クライエントやシステム側の個人レベルでの気づきや変化というひとつの「要素」の変化は，新たなシステムへのきっかけとなる。その問題解決を通じて生成された新たなシステムは，より強化された相互援助システムであるとともに，問題解決だけではなく共に生きるための共生システムとなる。

　さらに，相互援助システムは，システム内だけではなくシステム外との接触によりシステム同士の関係を進展させることにより，多層レベルで相互援助システムが形成される。それにより，問題解決のレベルも相乗的に向上することになる。

第3節　援助者の専門的機能としての「媒介」

　対人援助における援助者の役割や専門的機能とは何か。「本人発の援助のベクトル」や「相互援助システム」の考え方を背景としながら，ここで明らかにしてみよう。

　筆者は，これまでに対人援助にかかわる援助者の専門的機能を「媒介」と明示した「媒介・過程モデル」の構築に取り組んできた。このモデルは，シュワルツがソーシャルワーク固有の機能として明確化した「個人と社会がお互いに手を差しのべる過程を媒介すること」という媒介機能を基礎部分として発展的に展開させ，「媒介し続けること」（keeping on mediating）とする内容を根幹としたものである。

　「媒介・過程モデル」は，ソーシャルワーク理論として構築してきたもので

あるが，中核部分である「媒介し続けること」という機能は，対人援助にかかわる援助者に広く使える内容である。

　以下，対人援助における専門的援助機能としての「媒介し続けること」について掘り下げることにしよう。[6]

1. 援助機能としての「媒介し続けること」の全体像

　対人援助における専門的援助機能としての「媒介し続けること」は，2つの機能を併せもつ。そのひとつの機能は，「媒介すること」である。ここでいう「媒介」とは，クライエントとシステムを「対等に向かい合わせること」という機能を意味する。もうひとつの機能は，この媒介（対等に向かい合わせること）を「し続けること」（対等を保持し続けること）である。したがって，「媒介・過程モデル」における援助機能とは，この2つを合わせた「対等に向かい合わせ続けること」となる。

　図5-3のトライアングルモデルはシュワルツによるソーシャルワークの媒介機能を高度に概念化したものであった。そこから「媒介・過程モデル」の独自機能として発展させた「対等に向かい合わせ続けること」という媒介概念を図示したものが図5-4

図5-3　トライアングルモデル

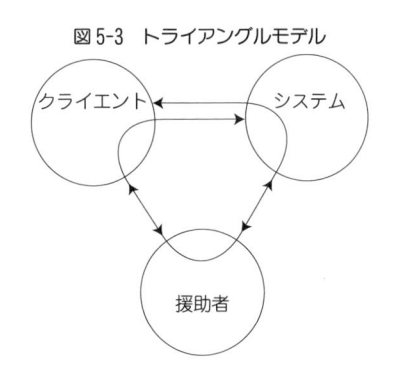

図5-4　「媒介・過程モデル」における媒介機能

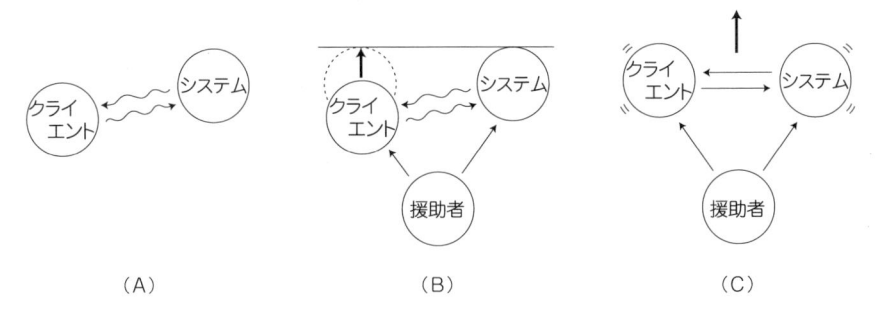

（A）　　　　　　　　（B）　　　　　　　　（C）

である。この図においては，援助者の援助機能である「対等に向かい合わせ続けること」を(A)段階から(C)段階への展開過程として示している。なお，ここでいうシステムとは，家族やグループ，職場，近隣・地域，サービス供給主体，行政等のクライエントを取り巻く上位システムのことであり，多レベルの社会環境や問題解決に向けて必要となるすべての社会資源を指している。

　(A)段階では，媒介者である援助者が不全的関係（図中の波線）にあるクライエント（要援護者）とシステムを媒介し，両者間の相互作用の促進を開始する。そして，(B)段階では，両者間に「対等な関係」が形成されるように働きかけることが援助者の仕事となり，(C)段階ではその対等な関係を保持しながらさらに相互作用を促進させることになる。この(A)から(C)への展開がこのモデルの援助過程となる。

　「媒介・過程モデル」に顕著な機能的特質は，この(A)から(C)への展開において「アドボカシーの機能」と「クライエントの自己決定」を援助者の機能面から明確にしたことである。つまり，(B)段階において対等な関係にまでクライエントを持ち上げるという機能は，援助の機能として重視されてきたアドボカシーの機能を具体的に説明するものとなる。また，(C)段階においては，問題解決に向けて当事者たちが取り組むのを援助者が支援し，そしてその行き着くところを決めるのは本人自身であることを示唆している。これは対人援助の本質的原則である「クライエントの自己決定」を具体化するひとつの方策となる。

2. 援助機能としての「媒介し続けること」の内容

　対人援助における専門的機能としての媒介機能は，「対等に向かい合わせること」とそれを「し続けること」の2つの機能から構成される。

　この「媒介・過程モデル」における援助機能には，対人援助の固有性を明らかにするという大きなテーマを含んでいる。とりわけ，「アドボカシーの機能」や「クライエントの自己決定」について，単にその重要性を指摘するだけでなく援助者の機能面から明確にした。

　以下，「対等に向かい合わせること」と「媒介し続けること」について，論じることにしよう。

①対等に向かい合わせること

「媒介・過程モデル」における援助者機能の2つの側面のうち，「対等に向かい合わせること」について明らかにする。まず，機能としての「対等に向かい合わせること」の特質について明確にした後，「対等」の意味について考察を深め，さらにこの機能とアドボカシーの機能との関係について考察する。

　a．機能としての「対等に向かい合わせること」

「媒介・過程モデル」における機能としての「対等に向かい合わせること」とは，図5-4の(B)段階における力動的状態を指す。この段階における援助者の仕事は，クライエントを点線の位置，つまりシステムと対等に向かい合う位置にまで持ち上げることである。

媒介機能を遂行する援助者の立場や力関係は，媒介者としての位置によって強く性格づけされる。クライエントとシステムとの間の扇型の要に位置する援助者は，その双方に働きかけて両者が対等に向かい合う関係の形成を目指す。その対等に向かい合う関係を示す水平線の位置自体が，クライエントとシステムとの相互関係で決まることになるから，結果として媒介者としての援助者の概念的位置は，援助者とシステムとの三者関係のなかで決まる。「対等に向かい合わせる」という援助者の機能の性質を明確にするためには，次の3つの点から明らかにする必要がある。

まず第1には，援助者の定位置は「援助的均衡のとれた中立的立場」であることである。その援助者の位置は，対等な水平線までのクライエントの「距離」と，援助者とクライエントとの「距離」とが比例することになる。したがって，対等な関係の位置を示す水平線までのクライエントの「距離」が遠くなればなるほど，システム側との相対的関係性における対等な関係を形成するためにクライエントに対する援助者の強い援助（サポート）が求められることになる。ただし，援助者の仕事とはシステム側との対面的相互作用関係の構築とその調整にあるわけであるから，ここでいう援助（サポート）とは，クライエント側だけを支えるのではなく，クライエントとシステムの双方に働きかけて対等な相互作用関係を形成することになる。もちろん，事例によってはシステム側に強い支持が必要になる場合もある。

第2には，このモデルにおける援助の過程は，クライエントとシステムとの対面的相互作用関係を展開軸とすることである。媒介者としての援助者は，両者の相互作用関係を促進させることであるから，その関係はお互いに相手を意識化するところから始まる。双方の間に結ばれる相互作用関係は，対等に向かい合う関係の形成過程及び発展過程のプロセスにおいて終始基軸となるものである。したがって，このモデルにおける援助過程とはその対面的な関係を展開軸として進展することになる。これは，問題解決に向かうのはクライエント自身及びそのシステムであり，さらには両者の関係が「対等」かどうかの認知の主体は当事者たちであることを意味することにもなる。
　第3には，クライエント及びシステムは，信頼関係に裏打ちされた援助者との援助関係を援助の前提としていることである。援助者による媒介は，当然のことながら機械的な操作ではなく，クライエント及びシステムとの援助関係を前提としている。その援助関係をとおして両者の相互作用を促進させることであるから，すべての媒介の前提はこの援助関係が構築されていることを前提としている。
　b．「対等」の意味
　前述した「媒介・過程モデル」における「対等に向かい合わせる」という機能は，このモデルの根幹部分に相当する。したがって，「媒介・過程モデル」における「対等」の意味，内容及びその特性を明らかにしておかなければならない。
　「媒介・過程モデル」でいう「対等」を定義するなら，「クライエントとシステムがお互いの存在を受容し，創発的相互作用関係を結ぶことのできる状態」となる。これらは，次の3つの特質をもつ。
　まず第1には，「対等」とは特定のスケールを用いて数値化できるものではなく，その見極めは援助者との援助関係に深く依拠していることである。つまり，当事者以外の第三者が客観的に「対等」かどうかを判別するのではなく，援助者とクライエント，援助者とシステムとの関係をとおしてクライエントとシステムが相互作用の質を評価するものでなければならない。つまり，双方が援助者との援助関係をとおして，現実性の中での問題，自分自身の感情，相手

の状況等についての「気づき」を促すことによって当事者たちが関係について評価することにある。当然ながら，そこには両者の関係やその変化を見極める援助者の専門的援助の力量が求められる。

　第2には，個人と社会の関係は本質的に「共生的な相互依存関係」であるという前提である。これはシュワルツ自身がソーシャルワーク論を導き出す原点でもあった。概念的には「対等でない関係」が「常でない関係」なのであって，対等な関係を構築するというより，「対等でない関係」を援助者の媒介機能による双方の協働作業によって創造的に修正及び改善するという考え方である。生活問題とは，本来的な相互援助システムのバランスが崩れた状態をいう。したがって，「対等」の特質を明らかにするためには，「対等でない」状態について検討することが「対等」について明らかにするひとつの方法となる。図5－4の(A)の状態は，媒介の開始前の状態を概念的に示したものである。クライエントとシステムの間の波線は，不全的関係を包括的に表示している。これらの状態自体が解決すべき問題となるということではなく，問題の解決に向けて対等に向き合うことのできない状態を意味している。この不全的関係は，大きく分けて3つに類型化できる。その第1の類型は，クライエントとシステムの間に相互援助システムを形成するための関係自体が結べていない状態，第2の類型は一方のシステムがもう一方によって抑圧されている状態，そして第3の類型は依存的または寄生的で不健康な状態，に整理される。

　第3には，対等な状態である創発的相互作用関係とは，自らが歩む最善の道を選択する自己決定のための土壌となり，出発点となることである。クライエントとシステムがお互いの存在を尊重した健全な相互作用関係は，シュワルツのいう「相互援助システム」の形成へ向けた前提条件でもある。そしてそれは既存のシステムの枠内で完結するのではなく，「本人発の援助のベクトル」で示したようにそこから新しい関係や資源を開発していく可能性ももっている。

　c．機能としてのアドボカシー

　「媒介・過程モデル」の特徴のひとつは，このモデルがソーシャルワークの重要な機能のひとつであり，ソーシャルワークの固有性を主張するための拠り所となる「アドボカシー」の機能を包含するところにある。つまり，対等な位

置にまでクライエントを持ち上げるという仕事を援助者の機能として明確化することは，ソーシャルワークのアドボカシー機能の一側面を具体的援助活動として具体化することでもあるということである。

「対等に向かい合わせる」という援助者の機能は，「アドボカシー」の概念を援助関係における具体的な機能として説明できる。図5－4における(B)の点線の位置にまでクライエントを持ち上げるという仕事は，媒介者である援助者がシステムに対してクライエントを代弁・弁護・擁護することによって，基軸となる向かい合う関係を形成し，援助を展開することになる。まさにそれはソーシャルワークのアドボカシー機能を意味している。

このモデルにおける機能としてのアドボカシーの特質は，次の2つの点から指摘できる。第1の特質は，クライエントとシステム間の相互作用関係を促進させることを主眼とした媒介によるアドボカシー機能であるということである。つまり援助者は，図の(B)の左側にあるクライエント側だけを持ち上げるのではなく，双方に働きかけて両者間の相互作用を促進させることによって対等な位置にまで持っていくということである。ここに援助者の媒介機能の一環としてのアドボカシー機能という大きな特徴がある。

第2の特質は，ここでいうアドボカシー機能がクライエントを対等な位置にまで持ち上げることを目標とすることである。対等な位置にまで持ち上げる方法や程度は，クライエントの特性やクライエントとシステムの関係によって変わるが，ここで重要になるのは，図の(B)で明らかなようにそれはあくまで水平線の位置，つまり対等に向き合う位置にまでもっていくことが目標となることである。それ以上であってはならないし，逆にそれ以下であってもならない。あくまで「対等」な位置を保持し続け，両者の創発的な関係づくりを支えることが仕事となる。

具体的な例をあげてみよう。在宅で介護を要する高齢者と介護負担を訴えるその家族に対する援助において，「対等に向かい合わせること」とは具体的にどういうことか。援助者は，媒介者としての仕事を複数の次元で求められる。まず，その中核となるのが本人（高齢者）と家族が対等に向かい合えるようにする媒介である。本人と家族のそれぞれの置かれた状況及び主訴や要求を明確

にし，向かい合う必要性を認識したうえで，対等性のための環境を整えていく。そこで家族からの圧力が強く，本人の意志が尊重されない抑圧された状態であれば，援助者は本人を代弁することで対等な位置にまでもっていくというアドボカシー機能を果たすことになる。この機能の遂行にあたっては，本人と家族の相互作用関係を促進させることによって対等な関係を目指すのである。これらの前提になるのは，受容や共感的対応等による援助者と本人や家族との信頼関係に裏打ちされた援助関係の確立であることはいうまでもない。さらには，その援助関係を用いて本人のニーズを明確化していくこともきわめて重要な媒介への仕事となる。

　その対等な向かい合いのなかで，社会資源に関する情報を参考にしながら今後の方向性が検討されることになる。そこでサービス提供機関である公的機関等と本人及び家族との媒介も求められる。同様にその媒介でも必要に応じてアドボカシーの機能を発揮しながら両者を対等に向かい合わせることになる。それは現実と向かい合うことで現実的解決へ向かうとともに，新しい資源を開発していくことにもなる。さらに，援助者の媒介としては近隣の地域社会と本人及び家族との媒介，そして家族内の媒介も求められる。このように複数の「対等な向かい合い」を支えることが援助者の仕事となるが，そこで援助者に求められるのは，たとえば施設への入所か在宅生活の続行かを決定することではなく，最善の方向性を当事者たちが決定していける状況，つまり「相互援助システム」づくりなのである。

②媒介し続けること

　「媒介・過程モデル」における「対等に向かい合わせ続けること」というソーシャルワークの機能を明確化するためには，「対等に向かい合わせる」という「媒介」の理解のうえに，その媒介を「し続けること」という機能を付加して理解することが絶対の条件となる。「媒介」は一過性の機能としてではなく，それを保持することと合わさってはじめてソーシャルワークの機能として成立する。この「し続けること」のなかに，ソーシャルワーク実践の本質ともいうべき「プロセス」の強調による「自己決定の原則」の具体的機能を内包している。まず，機能としての「媒介し続けること」について明らかにし，そのうえ

で「自己決定を支える」機能について論考する。
　a．機能としての「媒介し続けること」
　「媒介し続けること」を図5‐4の概念図を用いて説明すると，(B)の段階で点線の対等な位置関係にもっていった状態を(C)のように常に対等なバランスを保ち続けながら援助を展開するということになる。援助者の媒介，つまり対等にクライエントとシステムとを向かい合わせることによって両者の関係は進展する。援助者は両者が常に対等な位置関係にあるようにサポートしながら，問題解決に向けて健全な関係を発展できるように働きかけていくことが仕事となる。
　この「し続けること」の最大のポイントは，その進むべき方向を決めるのはクライエントとシステム自身であるということである。つまり援助者がクライエントやシステム，あるいはこの両者がある特定の方向に進むようにもっていくことではない。援助者は，その方向性について直接関与することはない。これはシュワルツが指摘した，あらかじめ援助目標を設定しないということを具体的に説明する概念でもある。クライエントの過去を深く探り，現状の問題点について詳細に情報を収集したとしても，それが援助目標の設定と本来直結するものではない。対等な関係を出発点として歩き出すその方向は，クライエントとシステム自身が決定することになる。
　この背景には，前述の事例を捉える視点でも触れたように「今，ここで」（here and now）の関係性の強調がある。過去からの関係に必要以上に縛られるのではなく，現実を見据えて問題に取り組んでいくためには，新しい現実における関係のなかで相互作用関係を展開していくことが求められる。そのプロセスにおいてはクライエントとシステムの双方が現実と向き合い，新しい発見や気づきを支えていくことになる。
　そしてその現実性のなかで，クライエントとシステム間の関係の再構築もしくは再生を含んだ関係の発展的展開がもたらされる。これは既存の関係から創発的な関係を生み出すというのではなく，「今，ここで」の関係から出発し，そこから新しい関係づくりを援助者の媒介機能によって促すことになる。
　b．「自己決定を支えること」の実践

対人援助の機能としての「媒介し続ける」とは，何らかの「結果」に行き着くまでの「プロセス」の強調であり，「自己決定を支える」という実践の具体化である。これは，対人援助の価値のひとつでもある。この点について，次の2つの面から掘り下げることにする。

　ひとつは，その「プロセス」の強調と「自己決定を支えること」である。「し続けること」とは，援助者の仕事が単なる「結果」だけではなく，そこに行き着くまでの「プロセス」の重視を意味する。つまり援助者の仕事とは，これまで述べてきたように，両者が対等な立場で向き合い，相互作用関係を進展させ，現実の直視と新しい発見や気づきを促しながら本人たちが歩むプロセスを支えることである。

　これは対人援助における「プロセス」の具体的説明である。対人援助が専門職による援助体系である限り，「結果」としての援助の成果を求められるのは当然である。その一方で，ソーシャルワーク援助の特性からいえば，「結果」に行き着くまでの「プロセス」を強調すべきであるという論点は対人援助の特質からみればきわめて特徴的であり，その価値のひとつともいえる。対人援助の価値としてのプロセスの強調とは，援助過程を構成する要素を並べて説明したり，援助の手続きにのみ拘泥することでもない。援助のプロセスとは，クライエントが自分の問題について自らが解決できるように最善の状況づくりをする過程なのである。「媒介し続けること」とは，そうした対人援助の価値を具体化する説明概念となる。

　そしてこのことは，対人援助の特質に立脚した原則である「クライエントの自己決定」を援助者の機能面から具体的に説明する概念でもある。「自己決定の原則」とは，クライエントが「自分で決めた結果」を重視することではなく「自分で決めるプロセス」を支えることである。媒介とは，この自己決定を支えることを意味する。このことによって対人援助の独自性を明確化することができる。「媒介し続けること」とは，あらかじめ設定された個人のニーズとそれを満たすための社会（システム）とを媒介するという意味ではない。個人と社会がお互いに手を差しのべ合う相互作用関係と現実性のなかで個人の気づきと自己決定を促し，それに社会の側の変革をも視野に入れた相互援助システム

の形成への過程を意味している。本質的に，クライエントに「ゴール」はないはずである。「援助目標」といわれるものは援助者側からの見方であって，クライエントにとってみればそれもひとつの人生の通過点に過ぎない。したがって，援助者側からみれば，「かかわり続けること」が援助の「ゴール」とすべきなのである。

　先ほどの例でいうなら，媒介とは本人や家族という当事者たちが主体的態度でもって問題に取り組み，その時点で自らが納得し，最善の自己決定ができるようにそのプロセスを支え続けていくことである。これは，「相互援助システム」の形成とそのシステムの問題解決への支援ということである。援助者が在宅での介護を勧めることでもなく，施設への入所を勧めることでもない。ましてや「援助目標」という名のもとに，援助者が特定の方向にクライエントやシステムを誘導したり当てはめたりすることでもない。

　その援助目標とニーズの概念に関する問題が，もうひとつの掘り下げる面である。「媒介し続けること」は，援助目標とニーズの概念や捉え方を明確にすることになる。専門職としての対人援助の仕事が問題の解決を目標とする限り，何らかの援助目標が必要となる。しかしその援助目標は，対等な向かい合いを軸とした問題解決への展開において，本人たち自身が決めるものである。また，ニーズの捉え方においても，あらかじめ設定された個人のニーズとそれを満たすためのシステムとを媒介するのではなく，個人と社会がお互いに手を差しのべ合う相互作用関係と現実性のなかで本人の気づきに応じて「本人のニーズ」を明確にしていくことが求められる。援助者が専門的な知識と技術を駆使してアセスメントしたとしても，本人自身の気づきがなければ決して「ニーズ」とはならないはずである。このことは，援助者にとってみれば「本人の世界」，本人の〈ストーリー〉にどれだけ近づけるかが問われることになる。

　対人援助の専門職として，その効果や達成度を評価することは当然の使命である。しかしながら，援助者側が決めた援助目標や，援助者側が決めたニーズが本当にクライエント自身から出てきたものでなければ，その達成度や充足度を測定したとしても無意味となる。「媒介し続けること」，つまりそのプロセスを質的に評価することも対人援助にはきわめて重要な要素となる。

第5章　対人援助のための基礎理論

注（第5章第2節・第3節）
1）この「本人発の援助のベクトル」の考え方は，次の文献において子ども家庭福祉サービスの観点から「援助の4つのベクトル」として論じている。
　　岩間伸之「障害系の子ども家庭福祉サービス－援助の4つのベクトル－」柏女霊峰・山縣文治編著『新しい子ども家庭福祉』ミネルヴァ書房，1998年，173-196ページ。
2）「相互援助システム」に関する特質については，次の文献において詳しく論じている。
　　A. ギッターマン著／岩間伸之訳「グループにおける相互サポートの形成」『社会福祉学論集』第6号，同志社大学大学院文学研究科社会福祉学専攻院生会，1992年，34-48ページ。
　　岩間伸之「グループワークにおける相互援助システム－ウィリアム・シュワルツの遺産として－」『社会福祉学』第33巻第2号，日本社会福祉学会，1992年，137-162ページ。
3）William Schwartz, "The Social Worker in the Group", *The Social Welfare Forum*, Columbia University Press, 1961, p. 155.
4）Lawrence Shulman, *The Skills of Helping Individuals, Families and Groups* (third ed.), F. E. Peacock Publishers, Inc., 1992, p. 10.
5）W. シュワルツ著／前田ケイ訳「ソーシャルワーク実践におけるグループの活用について」W. シュワルツ・S. R. ザルバ編／前田ケイ（監訳）・大利一雄・津金正司共訳『グループワークの実際』相川書房，5ページ。／William Schwartz, "On the Use of Groups in Social Work Practice", in William Schwartz and Serapio R. Zalba(eds.), *The Practice of Group Work*, Columbia University Press, p. 7.
6）「媒介・過程モデル」については，次の文献に詳しく論じている。
　　岩間伸之「ソーシャルワークにおける媒介実践論研究－『媒介・過程モデル』の素描－」『社会福祉学』第37巻第2号，日本社会福祉学会，1996年，66-83ページ。
　　岩間伸之「『媒介・過程モデル』の特質と援助過程研究－ソーシャルワークの固有性の具体化に向けて－」『大阪市立大学生活科学部紀要』第46巻，1999年，129-144ページ。
　　岩間伸之「ソーシャルワーク固有の機能としての媒介－『媒介・過程モデル』における『アドボカシー』－」嶋田啓一郎監修／秋山智久・高田真治編著『社会福祉の思想と人間観』ミネルヴァ書房，1999年，166-182ページ。
　　岩間伸之『ソーシャルワークにおける媒介実践論研究』中央法規出版，2000年。

あとがき

　たとえ制度が変わろうとも，対人援助の本質までもが変わるはずはない。
　筆者は，常々そう考えてきた。しかしながら，昨今の介護保険制度をめぐる動向は，対人援助の本質やその原理・原則など実質上吹き飛ばしてしまいそうな勢いである。たとえば，社会資源と個別のニーズを結ぶというケアマネジメントという手法が「援助の方法」から離れて一人歩きし，単なる制度上の「手続き」と化してしまうことに，強い不安を禁じ得ない。
　確かに，「利用者主体の援助」や「自己決定の尊重」という言葉は，文字や言葉の上では頻繁に使われているし，誰もが大事なこととして認識はしているだろう。けれども，これらを理念レベルから具体の事例に向けて実践に移し，いかに展開するのか。そこが本来問われなければならない。こうした状況も筆者の執筆を強く後押しすることになった。
　新しい制度的な動向のなかで，筆者の専門とするソーシャルワークの意義やあり方が問い直しを迫られている。その問い直しの作業として，ソーシャルワークの根源を本書で述べた対人援助の本質にまで遡り，そこから専門性を再認識，再構築する必要性も強く感じてきた。同時にこの内容に広がりを持たせることで，他の対人援助の仕事の共通基盤ともなりうると考えた。
　本書の内容が，対人援助の実践に広く役に立つことができればこれ以上の喜びはない。また，内容についての忌憚のないご意見をいただければ幸いである。

索引

あ行

圧縮叙述体 ……………………………… 182
アドボカシーの機能 ……………… 200, 203
今，ここで …………………………… 34, 188
インシデント・プロセス法 …………… 66
受けとめる（参加者が） ……………… 61
運命共同体 ……………………………… 196
援助関係 …………………………………… 18
援助者の働きかけ ……………………… 180
援助者を育てる …………………………… 40
援助の原則を導き出す …………………… 39
援助の「二人三脚」 ……………………… 17
援助の「目的」と「手段」 ……………… 16
援助目標 ……………………………… 16, 17
援助理論 …………………………………… 19
援助を向上させる ………………………… 38
エンパワメント ………………………… 15
「思い」を共有する …………………… 102

か行

介護支援専門員 ………………………… 45
介護ニーズ ……………………………… 44
介護保険制度 ………………………… 42, 43
開催通知 ………………………………… 49
開始時刻 ………………………………… 72
会場の確保と準備 ……………………… 50
かけがえのない存在 …………………… 30
家族構成 ………………………………… 171
価値 ……………………………………… 29
過程叙述体 ……………………………… 182
過程の重視 ……………………………… 32
考える（参加者が） …………………… 61
観察力と表現力 ………………………… 184
感情の共有 ……………………………… 102
擬似的事実 ……………………………… 179

気づき（本人の） ……………………… 15
気づく（参加者が） …………………… 61
帰納法 …………………………………… 25
客体的側面 ……………………………… 32
客観的変化 ……………………………… 175
共生的な相互依存関係 ……… 14, 33, 194, 203
共通のイメージ ………………………… 106
クライエントの自己決定 ……………… 200
グルーピング（グループ分け） ……… 142
グループスーパービジョン …………… 41
グループダイナミックス …………… 58, 74
グループディスカッション ……… 51, 140
ケアカンファレンス …………………… 22
ケアプラン ……………………………… 44
ケアマネジャー ………………………… 45
経過記録 ………………………………… 172
継続的な管理 …………………………… 45
ケース会議 ……………………………… 22
ケース研究会 …………………………… 22
ケース検討会 …………………………… 22
ケースカンファレンス ………………… 22
ケースカンファレンスの会場設定例 … 51
ケースカンファレンスの事後処理 …… 54
ケースカンファレンスの展開過程 …… 65
ケースカンファレンスの40の〈ポイント〉 …69
ケース記録 ……………………………… 181
ケース記録の目的 ……………………… 182
ケース記録の様式 ……………………… 182
研究のための事例研究 ………………… 26
研究方法 ………………………………… 25
現状の客観的理解 ……………………… 187
検討事例と事例提供者 ………………… 56
検討すべき論点 ………………………… 110
個 ………………………………………… 31
考察（主観的内容） …………………… 164
個人情報保護法 ………………………… 56

211

| 個人的なもの …………………………43
| 個別化 ………………………………31

さ 行

個人的なもの …………………………43
個別化 ………………………………31

サービス担当者会議 …………………45
サービス調整チーム実務者会議 ……44
支え合い活動 …………………………14
参加者 ……………………………58,68
参加者グループ ………………………74
「参加者グループ」のダイナミックス …60
参加者数 ………………………………58
参加者に求められる4つの姿勢 ……61
参加者の席 ……………………………51
参加者の力量 …………………………60
参加者名簿 ……………………………74
ジェノグラム ………………………170
支援困難事例 …………………………44
司会（進行役）……………………54,68
時間の枠 ………………………………72
時間配分 ……………………………116
自己決定の原則 ………………………32
自己決定を支える ……………………18
自己紹介 ………………………………74
事実（客観的内容）…………………164
システム ……………………………178
実践のための事例研究 ………………26
実践を追体験する ……………………37
実践を評価する ………………………39
質的評価（法）……………………24,40
質問 ……………………………98,132
事務局 ……………………………48,70
集団規範 ………………………………61
集団力学 ………………………………60
集中力を高める ………………………76
住民主体 ………………………………33
終了時刻 ……………………………160
主体性 …………………………………32
主体性を喚起するアプローチ ………34
主体的側面 ……………………………32
受容 ……………………………………31
シュルマン, L. ……………………195

シュワルツ, W. ………………14,23,194
状況（環境）のなかの人 ……………29
少数意見 ……………………………125
助言者（スーパーバイザー）…41,53,63,68
助言者（スーパーバイザー）との打ち合わせ 53
助言者の選定 …………………………63
助言者の役割 …………………………63
叙述体 ………………………………182
資料の印刷・配布と記録 ……………54
事例が見える …………………………37
事例研究会 ……………………………22
事例研究の意義 …………………36,76
事例研究の5つの構成要素 …………48
事例研究のプロセス …………………78
事例研究用フェイスシート …164,165,166
「事例研究用フェイスシート」の項目例 …170
事例検討 ………………………………21
事例検討会 ……………………………22
事例タイトル ………………………171
事例提供者 ……………………………56
事例提供者の位置づけと役割 ………82
事例提供者（発表者）の決定 ………51
事例提供者のサポート ………………52
事例提供者への「おみやげ」………58
事例の選択 ……………………………51
事例の捉え方 …………………………20
事例の発表時間 ………………………84
事例のまとめ ………………………162
「事例のまとめ」の5つの焦点 ……163
「事例のまとめ」の3つの構成要素 …162
事例本人の承諾 ………………………57
事例を「再構築」する ……………106
事例を深める ……………………36,110
スーパーバイザー …………41,53,63,68
スーパービジョン ……………………41
スーパービジョン関係 ………………41
〈ストーリー〉…………………18,189
生活 ……………………………………43
生活ニーズ ……………………………43
生活歴 ………………………………172
生活歴の理解 ………………………188

説明体 ……………………………… 183
全体的な所感 …………………… 91, 181
全体的なもの ……………………… 44
専門的判断 ………………………… 29
相互援助 …………………………… 32
相互援助システム ……… 33, 35, 194, 195
相互作用関係 ……………………… 187
相互要求 …………………………… 197
ソーシャルワークの根源 ………… 29
組織を育てる ……………………… 41
存在 ………………………………… 30
存在を尊重するアプローチ ……… 34

た 行

対人援助における評価の特質 …… 23
対人援助の原型 …………………… 14
対人援助の視座 …………………… 23
「対人援助の事例研究」の定義 …… 20
対人援助の本質 …………………… 14
対等な関係 ………………………… 200
「対等」の意味 …………………… 201
タイミング ………………………… 190
地域ケア会議 ……………………… 45
地域組織化 ………………………… 33
沈黙タイム ………………………… 106
逐語 ………………………………… 128
提出事例数 ………………………… 57
電子メール ………………………… 49
当事者参加 ………………………… 59
当事者本人の理解 ………………… 22
トライアングルモデル …………… 199

な 行

ニーズ ……………………………… 19
「二人三脚」 ……………………… 17
ねぎらい ……………………… 93, 159

は 行

バイステック ……………………… 31
ハーバード方式 …………………… 66
媒介 ………………………………… 20

媒介・過程モデル …………… 20, 198
媒介し続けること ………………… 199
バズセッション …………………… 140
ピアスーパービジョン …………… 41
「評価」のための事例研究 ……… 23
表現する（参加者が） …………… 61
「不可侵条約」 …………………… 42
プライバシー ……………………… 155
プライバシーの保護・管理 ……… 55
振り返り …………………………… 153
プロセス ……………………… 18, 207
プロセスレコード ………………… 172
雰囲気 ……………………………… 122
部屋の大きさ ……………………… 50
本人参加 …………………………… 59
「本人のいるところ」 …………… 15
本人の側からの理解 ………… 25, 189
本人発の援助のベクトル …… 20, 191

ま 行

まとめ ……………………………… 150
民主主義と市民社会 ……………… 33
「目的」と「手段」 ……………… 16
問題解決の主体者 ………………… 15
問題発生のメカニズム …………… 135

や 行

要約体 ……………………………… 183

ら 行

力動的過程 ………………………… 23
了解可能性 ………………………… 24
量的調査 …………………………… 24
「理論」と「実践」のスパイラル … 27
連携 ………………………………… 17
連携のための援助観や援助方針を形成する … 40
論点の内容 ………………………… 112

わ 行

ワーカーの養成 …………………… 41
ワーカビリティ …………………… 15

《著者紹介》

岩間伸之（いわま・のぶゆき）

|経　歴|1965年生まれ。
同志社大学大学院文学研究科社会福祉学専攻博士課程後期修了。
社会福祉学博士。社会福祉士。
元・大阪市立大学大学院生活科学研究科教授。
2017年逝去。
|専門領域|社会福祉学／ソーシャルワーク論
|主な著書|『対人援助のための相談面接技術』中央法規出版、2008年（単著）
『支援困難事例へのアプローチ』メディカルレビュー社、2008年（単著）
『ワークブック社会福祉援助技術演習④グループワーク』ミネルヴァ書房、2004年（単著）
『グループワークの専門技術』中央法規出版、2001年（共著）
『ソーシャルワークにおける媒介実践論研究』中央法規出版、2000年（単著）
『ジェネラリスト・ソーシャルワーク』ミネルヴァ書房、2004年（共訳）
『子どものリスクとレジリエンス』ミネルヴァ書房、2009年（共訳）

MINERVA 福祉ライブラリー㉜
援助を深める事例研究の方法［第2版］
——対人援助のためのケースカンファレンス——

1999年10月20日	初版第1刷発行	＜検印省略＞
2003年 7 月20日	初版第5刷発行	
2005年 6 月20日	第2版第1刷発行	定価はカバーに
2019年 1 月20日	第2版第6刷発行	表示しています

著　者　　岩　間　伸　之
発行者　　杉　田　啓　三
印刷者　　田　中　雅　博

発行所　株式会社　ミネルヴァ書房
607-8494 京都市山科区日ノ岡堤谷町1
電話（075）581-5191／振替01020-0-8076

©岩間伸之，2005　　創栄図書印刷・酒本製本

ISBN 978-4-623-04428-3
Printed in Japan

グループワーク

岩間伸之 著
B5判／144頁／本体1700円

●ワークブック社会福祉援助技術演習④　ソーシャルワークを体得する全5冊の第4冊。社会福祉のあらゆる実践領域でグループワークの実践が可能であり，有効であることを，演習を通して体得する。共通技術，過程技術，実践学習とつづく体系的学習を組み立てている。

ジェネラリスト・ソーシャルワークの基盤と展開

山辺朗子 著
A5判／280頁／本体3000円

●本書は，現代の日本の福祉状況を踏まえ，現実の支援と理論が結びつくように考えられたジェネラリスト・ソーシャルワークを基にした実践基盤を解説したものであり，新しいソーシャルワークの実践体系を提言したものである。

──── ミネルヴァ書房 ────
http://www.minervashobo.co.jp/